浙江省高职院校“十四五”重点立项建设教材

高等职业教育法律类专业新形态系列教材

# 罪犯教育矫正

主　编◎应方淦

副主编◎高　斐

撰稿人◎应方淦　高　斐　余安琦　汪前臣

中国政法大学出版社

2025・北京

**图书在版编目（CIP）数据**

罪犯教育矫正 / 应方淦主编. -- 北京 : 中国政法大学出版社, 2025. 6. -- ISBN 978-7-5764-2141-5

Ⅰ. D926.7

中国国家版本馆 CIP 数据核字第 2025L2H146 号

---

出版者　中国政法大学出版社

地　址　北京市海淀区西土城路 25 号

邮　箱　fadapress@163.com

网　址　http://www.cuplpress.com (网络实名：中国政法大学出版社)

电　话　010-58908435(第一编辑部) 58908334(邮购部)

承　印　北京鑫海金澳胶印有限公司

开　本　787mm×1092mm　1/16

印　张　10.75

字　数　188 千字

版　次　2025 年 6 月第 1 版

印　次　2025 年 6 月第 1 次印刷

印　数　1~4000 册

定　价　49.00 元

# 编者简介

**应方淦** 浙江警官职业学院副教授，成人教育分院院长，博士，毕业于华东师范大学成人教育学专业，长期从事罪犯教育的教学与研究工作。浙江省监狱系统专家师资库成员、民警罪犯教育技能比赛首席专家评委，曾挂职担任浙江省钱江监狱、浙江省未成年犯管教所副监狱长及副所长，拥有扎实的教育理论功底和一定的实战工作经验。

**高 斐** 浙江警官职业学院刑事司法系副教授，硕士，毕业于西北民族大学社会学专业。曾在浙江省第二女子监狱、浙江省十里丰监狱等单位挂职，对行业情况有深入的了解和研究。

**余安琦** 浙江警官职业学院刑事司法系讲师，硕士，毕业于武汉理工大学公共管理专业。曾长期在浙江省女子监狱从事罪犯管理与教育工作，积累了宝贵的实践经验。

**汪前臣** 浙江警官职业学院刑事司法系副教授，硕士，目前在读华东理工大学法社会学专业博士研究生。曾在浙江省乔司监狱担任副监区长，主管监区监管改造业务，具有扎实的专业知识和丰富的实际操作经验。

# 前 言

党的十八大以来，以习近平同志为核心的党中央立足坚持和发展中国特色社会主义的全局与战略高度，对法治建设进行了精准定位、科学布局和强力推进，创造性地提出全面依法治国的一系列新理念、新思想、新战略，并将其融入“四个全面”战略布局，予以坚决而有力的贯彻落实。

在党的二十大报告中，法治建设首次被专章全面部署，全面依法治国的战略地位被提升至前所未有的高度。习近平总书记在报告中阐明了全面依法治国的重大意义：全面依法治国是国家治理的一场深刻革命，关系党执政兴国，关系人民幸福安康，关系党和国家长治久安。在此基础上，习近平总书记对政法工作作出重要指示强调：要全面推进科学立法、严格执法、公正司法、全民守法，全面推进国家各方面工作法治化。

基于对监狱工作实际的深入探讨，我们得出明确结论：为全面推进依法治国战略，要将监狱工作纳入全新的法治话语体系，同时为其赋予新的操作规范和目标导向——监狱作为刑事执行的末端，同时也是社会治理的前端，必须在推进“严格执法”中发挥其应有的作用，在推进“全民守法”中彰显其独特的职能。具体而言，应通过罪犯教育这一监狱工作的核心手段，引导罪犯这一特殊的社会群体成为社会主义法治的忠实崇尚者、自觉遵守者和坚定捍卫者。

本教材的编撰，目的在于为上述基本判断的实现提供有力支持。基于此，本教材在编撰过程中，在坚持尊重罪犯教育工作传统的同时，力求在以下几个方面作出积极创新：

第一，突出教育属性。罪犯教育是以罪犯为对象的专业教育活动，其本质属于教育范畴，其特色则体现在教育对象的特殊性上。基于此，本教材在编撰过程中，尝试从遵循教育基本规律入手，结合罪犯群体及个体特征，以使罪犯教育工作更具深厚的教育理论支撑。

第二，强化流程导向。任何教育活动都是一个连续的过程，具有显著的流程性特征，罪犯教育亦不例外。基于此，本教材在编撰过程中，尝试从流程角度出发，将罪犯教育矫正工作的需求分析、方案设计、具体实施到效果评价各环节形成闭环管理，构建全新的知识体系。

第三，聚焦基层实践。罪犯教育是监狱工作的重要组成部分，也是开展监狱工作的基础手段，更是每一位基层民警都必须熟练掌握的关键能力。基于此，本教材在编撰过程中，立足基层民警视角，精心筛选内容，将教材重点聚焦于集中点评、个别谈话、课堂教学这三项基本功的培养。

第四，注重实务操作。无论是基于流程导向，还是面向基层实践，本教材的核心目标不仅在于明确“做什么”，更在于指导“如何做”。基于此，本教材在编撰过程中，尝试对三项基本功的操作规范和要点进行系统梳理，并在具体教学内容设计上，注重引导读者通过实际演练掌握这些操作规范和要点。

为确保上述创新探索成果更具价值，本教材编撰团队的选拔严格要求编者兼具理论与实践相结合的能力，以保障教材内容的全面性和实用性。现将各项目的具体分工及编撰人员情况介绍如下：

项目一、项目四、项目五由应方淦副教授承担编撰任务。应方淦副教授系华东师范大学教育学博士，长期从事罪犯教育的教学与研究工作，曾挂职担任浙江省钱江监狱、浙江省未成年犯管教所副监狱长及副所长，拥有丰富的罪犯教育理论功底和工作经验。

项目二由余安琦讲师承担编撰任务。余安琦讲师系武汉理工大学公共管理硕士，曾长期在浙江省女子监狱从事罪犯管理与教育工作，积累了宝贵的实践经验。

项目三由汪前臣副教授承担编撰任务。汪前臣副教授系华东理工大学法社会学博士（在读），在浙江省乔司监狱工作期间，担任副监区长，主管监区监管改造业务，具有扎实的专业知识和丰富的实际操作经验。

项目六由高斐副教授承担编撰任务。高斐副教授系西北民族大学社会学硕士，曾在浙江省第二女子监狱、浙江省十里丰监狱等单位挂职，对行业情况有深入的了解和研究。

本教材的创新尝试，得益于前辈们在罪犯教育领域的实践探索和理论积淀；对于一些普遍认可的内容，参考并汲取了众多教材编撰前辈的智慧结晶，在此向他们致以崇高的敬意和衷心的感谢！

由于编写团队的理论素养和实践能力有限，本教材的创新尝试或许未能完全达到预期目标，亦难免存在不足之处，恳请审阅本教材的领导、同仁不吝指正，并给予批评和指导！

本教材编写组

2025年3月

# 目 录

# 项目一　罪犯教育的基本问题

## 项目知识图谱

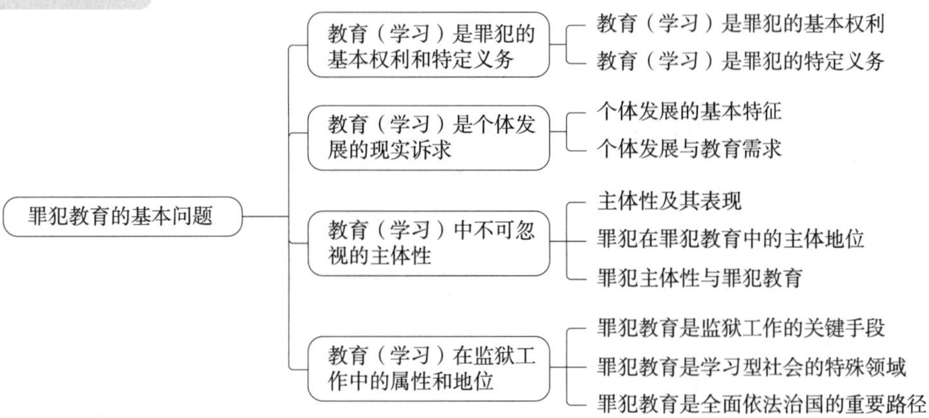


## 任务一　教育（学习）是罪犯的基本权利和特定义务

### 一、教育（学习）是罪犯的基本权利

对于罪犯而言，尽管他们因触犯刑法而被追究刑事责任，但其依然享有宪法和法律赋予的权利，并应承担相应的义务。依据《中华人民共和国监狱法》第 7 条之规定，罪犯的人格不受侮辱，其人身安全、合法财产和辩护、申诉、控告、检举以及其他未被依法剥夺或者限制的权利不受侵犯。因此受教育（学习）权也是罪犯的基本权利。

受教育权作为人权的基本组成部分，承载着基础性、普遍性和优先性的重大意义。它确保了每个个体——无论年龄、身份——均享有接受高质量教育的权利。这表明，国家对此肩负着不可推卸的责任，必须在法律框架和政治承诺的要求下，不懈努力，以确保每个公民受教育权利的实现。受教育权不仅是国际人权法所确立的基本权利，也是我国教育立法保护的核心内容，它在国际法与国内法、人权法与教育法之间架起了重要的桥梁。

在国际社会中，促进、保护和监督人权的核心依据主要是由《世界人权宣言》《经济社会文化权利国际公约》《公民权利和政治权利国际公约》等构成的国际人权公约体系。这3份重要文件共同构成了“国际人权宪章”，它们各自从不同的角度确认了受教育权作为一项至关重要的国际人权的地位。特别是1948年联合国大会所颁布的《世界人权宣言》，作为首个全面规定人权和基本自由的普遍性国际文件，其在制定过程中特别强调了受教育权的重要性，并在第26条中予以明确表述：“（一）人人都有受教育的权利，教育应当免费，至少在初级和基本阶段应如此……（二）教育的目的在于充分发展人的个性并加强对人权和基本自由的尊重。教育应促进各国、各种族或各宗教集团的了解、宽容和友谊，并应促进联合国维护和平的各项活动。”随后国际社会颁布的一系列国际人权公约和文件，进一步对受教育权予以确认，并提供了更为精准的实施框架，从而稳固地将受教育权纳入了国际人权体系的核心目录。

可见，受教育权作为一项基本人权，在国际社会中得到了广泛的认可，特别是教育领域的非歧视原则与平等原则已成为普遍共识。据联合国教科文组织2019年发布的统计数据，目前至少有48项具有法律约束力的国际人权文件对教育人权进行了全面或部分确认，其中28项为区域性国际人权文件，此外有23项不具备法律约束力的软法性质国际人权文件亦对其作出了规定。这些文件中包括了联合国教科文组织所颁布的各类以“宣言”“建议”等形式命名的国际文件。

随着经济社会的持续发展和教育事业的不断进步，以及对受教育权的理解和需求日益深化，受教育权的内涵得到了丰富和拓展，其外延开始向早期教育和终身学习领域（尤其是成人教育领域）拓展延伸。根据联合国教科文组织的权威定义，“终身学习”是一个全面的概念，它强调学习与生活的紧密结合，覆盖了从儿童到老年各个年龄段的人群（包括男女青年、成人、老年人），在家庭、学校、社区、工作场所等多种生活环境中，通过正规、非正规和非正式等多种途径，共同满足人们广泛而多元的学习需求。联合国受教育权特别报告员明确指出，“终身学习”是一个体现学习和教育过程连续性的概念，它伴随着人的诞生而开始，并贯穿于人的一生，因此也应当在受教育权的范畴内得到体现。这一观点的出现无疑代表了教育领域的重要进步。

当前，我国已郑重签署了《经济社会文化权利国际公约》、《公民权利和政治权利国际公约》以及《儿童权利公约》等重要人权公约。其中，根据国际公约在我国适用的通常程序和条件，《公民权利和政治权利国际公约》尚未被全国人民代表大会常务委员会批准转化为我国国内法律，不过我国法律在保障公民权利和政治权利方面与该公约的精神和要求相符。《中华人民共和国宪法》第 46 条明确规定，中华人民共和国公民享有受教育的权利和义务。《中华人民共和国教育法》第 9 条亦强调，中华人民共和国公民享有受教育的权利和义务。公民不分民族、种族、性别、职业、财产状况、宗教信仰等，均依法享有平等的受教育机会。

**拓展阅读**

## 二、教育（学习）是罪犯的特定义务

罪犯既是权利主体，也是义务主体，法律在赋予其合法权益的同时，亦明确其应承担的法定义务。罪犯除了应当履行我国宪法和法律规定的一般义务外（但其中如服兵役的义务、抚养或赡养家庭成员的义务等会因服刑而无法实际履行），还应当履行因犯罪和服刑而产生的特殊义务。

罪犯教育是我国监狱刑罚执行活动的关键环节，是《中华人民共和国监狱法》及其他相关法律法规明确规定的具有特定内涵的法律术语。罪犯教育的实施主体并非一般教育机构，而是国家刑罚执行机构——监狱，其目的、内容及任务与普通教育或专业教育存在本质区别，其核心在于通过强制性改造，实现对罪犯思想和行为的矫正。所谓强制性，是指罪犯教育的开展必须严格遵守国家法律规范，接受教育改造是罪犯在服刑期间必须履行的基本义务——罪犯承担的是具有刑事法律意义的义务，这是基于犯罪行为而应承受的国家刑罚惩罚。此类义务的履行需在监狱的严格监管下进行，因此，若罪犯拒绝履行该义务，将面临比普通公民违反一般法律义务更为严重的法律后果。

《中华人民共和国刑法》第 46 条规定，被判处有期徒刑、无期徒刑的犯罪分子，在监狱或者其他执行场所执行；凡有劳动能力的，都应当参加劳动，接受教育和改造。

《中华人民共和国监狱法》第 7 条第 2 款规定，罪犯必须严格遵守法律、法规和监规纪律，服从管理，接受教育，参加劳动。

《监狱教育改造工作规定》第 10 条第 2 项规定，新收罪犯入监后，监狱(监区）应当向其宣布罪犯在服刑期间享有的权利和应当履行的义务，罪犯在服刑期间应当履行下列义务：遵守国家法律、法规和监规纪律，服从管理，接受教育改造，按照规定参加劳动。

《教育改造罪犯纲要》规定了教育改造罪犯的教学时间，成年罪犯每年不少于 500 课时。

《监狱服刑人员行为规范》第三章“学习规范”中：第 19 条规定，接受法制、道德、形势、政策等思想教育，认清犯罪危害，矫治恶习；第 20 条规定，接受心理健康教育，配合心理测试，养成健康心理；第 21 条规定，尊重教师，遵守学习纪律，爱护教学设施、设备；第 22 条规定，接受文化教育，上课认真听讲，按时完成作业，争取良好成绩；第 23 条规定，接受技术教育，掌握实用技能，争当劳动能手，增强就业能力；第 24 条规定，阅读健康有益书刊，按规定收听、收看广播电视；第 25 条规定，参加文娱活动，增强体质，陶冶情操。

综上，罪犯教育是我国监狱机关在刑罚执行过程中，依法对罪犯实施的以转变罪犯思想、矫正犯罪恶习为核心内容，结合文化、技术教育和心理矫治等进行的有目的、有计划、有组织的科学系统的矫正活动。

**拓展阅读**

学习笔记

## 任务二 教育（学习）是个体发展的现实诉求

### 一、个体发展的基本特征

人性乃人类区别于其他动物之根本特征。人性是每个个体所共有的属性，不存在超越个体的抽象人性。人性需在每个具体个体中得以体现，脱离了个体，人性便失去了其存在的基础和表现的途径。

在共同性方面，人性涵盖了自然性和社会性两大维度。自然性，是人作为生命有机体的自然本能，体现了人与生俱来的生理和心理特点与功能。社会性，则彰显了人在社会交往中后天形成的诸多社会品质，这些品质主要体现在人的思想、意识、品德、社会适应能力、社会化水平等方面。自然性与社会性之间存在着紧密的内在联系。缺乏自然性，社会性的提升将失去其生物基础；若无社会性，人的自然性则与动物的本能无异。

自然性与社会性共同构成了人性的完整图景，二者相互交织、相互影响，共同塑造了人性的丰富内涵。人性的共同性在个体层面体现为生理与心理的统一。因此，个体的发展过程，本质上涵盖了身体与心理两个维度。身体发展，关乎个体体质的增强与生理功能的优化；心理发展，则涉及认知能力、情感世界、意志力以及个性特征的提升与完善。尽管个体发展往往从这两个方面进行划分，但实际上，它们是一个相互融合的有机整体。

审视身心的发展进程，其是一个动态演进的过程，起点源于每个个体的诞生，而终点则指向生命的终结。发展涵盖了从个体降生至生命落幕期间，其身心所经历之全部变化。人的身心发展之特征，主要体现在其顺序性、阶段性、差异性、不平衡性以及相互作用性等方面。

身心发展的顺序性。自然界的发展都要遵循一定的顺序，个体的身心发展作为生命自然成长的过程，同样具有一定的顺序性。这种顺序性是客观存在的，不可随意更改，且具有不可逆性。外部力量虽可加速发展进程，但绝不能违背或逆转其发展顺序。

身心发展的阶段性。人的身心发展乃是一场持续终身的宏大历程，在此过程中，我们既能看到量的积累，也能目睹质的飞跃。当量的积累至某一临界点时，便催生了质的蜕变，进而引领身心发展步入崭新的境界。此间，阶段性发展特征实则体现为身心发展的年龄规律，即个体在特定年龄阶段所展现出的典型性、普遍性及本质性的特征。这些特征并非仅限于个别个体，而是广泛存在于同龄人群体之中，是该年龄段人群所共享的、反映其典型性、普遍性及本质性的特征，也是他们区别于其他年龄段人群的关键所在。鉴于身心发展的不同阶段，个体成长的速度与侧重点各异，其所面临的矛盾与发展任务往往不尽相同。

身心发展的差异性。每位个体都具有独特的生命形态，其身心发展状况亦呈现出独特性，从而形成了人们在身心发展上的差异性。这种差异性既体现在群体层面，也体现在个体层面。从群体层面来看，不同文化背景、不同社会阶层、不同性别的群体，在身心发展上均展现出各自的特色。从个体层面来看，差异性乃是其固有属性，正如世上无两片完全相同的树叶一般，亦无两个完全相同之人。人们之间的差异性，既源于生理遗传因素，亦受后天环境影响及教育熏陶。即便对于双胞胎而言，由于后天生活环境与教育经历的差异，其兴趣、爱好、个性发展等方面亦有可能迥然不同。

身心发展的不平衡性。在身心发展的进程中，其速度存在明显的波动性，表现为时而迅猛、时而迟缓，这就导致个体的身心发展在多个层面体现出不平衡性：其一，从整体上看，身心发展并非呈直线性推进，而是呈现出阶段性特征，在特定时期形成发展的高峰期，如幼儿期、儿童期以及青春期是身心各领域发展的关键时期。其二，身心发展的不同维度之间，其发展速度存在显著差异。在生理层面，神经系统的发展初期迅速而后逐渐放缓；而生殖系统的发展则呈现出相反的态势，初期缓慢而后期加速。在心理层面，感知系统的发育率先启动，思维系统紧随其后，而高级情感系统的成熟则相对较晚。其三，即便在同一发展维度内，身心发展在不同年龄段也表现出速度的不平衡性。以身高为例，人生中仅有的两个显著增长期分别为出生后的第一年以及青春发育期，这两段时间内的身高增长速度远超其他时期。

身心发展的相互作用性。人的身心发展可划分为身体与心灵两大领域，并且每个领域内都包含诸多要素，这些要素共同构成了一个统一而和谐的整体。在这一有机统一体中，当某一要素出现缺失或不完善时，可能会借助其他要素的补充作用，实现互补，从而确保个体发展的完整性；也可能会影响其他要素原有的功能，阻碍其发展，形成恶性循环。就身体与心灵两大领域间的相互作用而言，以心理对身体的影响举例：人类区别于其他动物的本质特征就在于，我们能够以自觉的意识来主导自身的生命活动。当个体在身体某方面遭遇障碍时，通过意识和精神力量的调节，可以塑造坚定的意志，战胜身体的局限，书写出卓越的人生篇章。许多身残志坚的典范正是这一现象的真实写照。相反地，若个体在精神承受力上薄弱，或缺乏坚韧不拔的意志，即便身体条件优越，面对挑战时也易产生消极情绪，导致精神萎靡。在身心发展的统一体中，心理因素是身心发展的核心动力和调节机制，它既能发挥积极作用，弥补身体上的不足，也可能成为阻碍，对个体的发展潜力产生消极影响。而在身心具体领域中的不同要素也会有相互作用性。例如，盲人群体的听觉和触觉通常比普通人更为灵敏，其原因之一就是盲人群体的大脑会启动感官补偿机制，增强其他感官功能，进而通过发达的听觉和触觉来弥补视觉上的不足，以满足基本生活的需求。

**拓展阅读**

## 二、个体发展与教育需求

在个体成长的历程中，会面临诸多发展阶段的挑战。而各个关键时期所面临的、需要完成的任务或需要达成的成长目标即所谓个体的发展任务。这些任务是社会规范或标准对个体在特定年龄阶段所提出的要求，涵盖了生理、心理、社会等多个维度。各异的发展任务催生了相应的教育需求。

对于罪犯群体而言，其发展任务及教育需求并不会因触犯法律应受刑罚而消弭。相反，监狱方面需要保障罪犯的正常发展任务和教育需求的实现，帮助其克服因身陷囹圄而遭遇的阻碍，从而保障罪犯的个体发展，这是罪犯教育的重要课题。

**表 1-1　成年期各阶段发展任务和教育需求表**

| 年龄段 | 发展任务 | 教育需求 | 教育目的 |
| --- | --- | --- | --- |
| 18至22岁 | 心理上逐渐摆脱家庭 | 训练自己的生活能力 | 加强独立意识 |
| | 选择职业方向 | 了解职业及其意义 | 选定合适的职业方向 |
| | 进入职业生活 | 进入职业生活的学习或准备 | 获得职业资格 |
| | 与同事建立联系 | 学习建立人际关系 | 有效地介入社会 |

续表

| 年龄段 | 发展任务 | 教育需求 | 教育目的 |
| --- | --- | --- | --- |
| 18至22岁 | 安排时间 | 如何安排工作与娱乐 | 合理使用时间 |
| | 解决问题 | 学习解决问题的方法 | 有效解决问题 |
| | 适应各种变化 | 保持平衡 | 适应变化、保持发展 |
| 23至34岁 | 选择配偶 | 了解婚姻知识 | 获得美满婚姻 |
| | 生育子女，维持家庭生计 | 养育孩子，管理家庭 | 做称职的父母、合理的消费者 |
| | 介入社区、社会生活 | 学习成为社会成员 | 获得公民知识与交往能力 |
| | 开始追求职业资格的提高 | 学习提高的方法 | 获得提高 |
| | 思考自我价值 | 懂得价值的意义 | 检验自己的价值 |
| | 建立稳固的人际关系 | 处理好与配偶及他人的关系 | 有良好的人际关系 |
| | 解决问题 | 学习解决问题的方法 | 有效解决问题 |
| | 适应各种变化 | 保持平衡 | 适应变化、保持发展 |
| 35至43岁 | 寻找生活的真实 | 了解真实的含义 | 能够经受种种压力 |
| | 诚信评价婚姻 | 进一步理解婚姻 | 美满婚姻 |
| | 重新评价职业 | 进一步了解职业意义与环境 | 作出合适的决定 |
| | 重新评价自我价值 | 了解自己的价值 | 加强独立行动的能力 |
| | 与已达到青少年年龄的子女交往 | 学习如何教育青少年 | 加强父母与子女之间的关系 |
| | 面临可能发生的离异 | 认识离异、权衡离异 | 获得离异后单独生活的能力 |
| | 解决问题 | 学习解决问题的方法 | 有效解决问题 |
| | 适应各种变化 | 保持平衡 | 适应变化、保持发展 |
| 44至55岁 | 面临调整职业或工作 | 需要得到咨询 | 调整职业或工作 |
| | 进一步介入社会，积极参与社区生活 | 了解社会与公民间、人际间关系 | 当好公民，处理好社会关系 |
| | 满足年迈双亲的要求 | 学习老年学 | 适应年迈的父母 |
| | 安排业余时间 | 业余时间的利用 | 创造性利用业余时间 |
| | 供子女接受高等教育 | 如何引导子女正确消费 | 引导子女正确消费 |
| | 解决问题 | 学习解决问题的方法 | 有效解决问题 |
| | 适应各种变化 | 保持平衡 | 适应变化、保持发展 |

续表

| 年龄段 | 发展任务 | 教育需求 | 教育目的 |
| --- | --- | --- | --- |
| 56至64岁 | 面临健康出现问题 | 学习营养健康知识 | 保持良好的健康水平 |
| | 加强人际关系 | 进一步建立人际关系 | 获得有效的社会交往能力 |
| | 准备退休 | 退休前的准备 | 作明智的退休计划 |
| | 增加非职业性的兴趣 | 艺术、音乐、旅行知识等 | 满足审美需求与旅行等爱好 |
| | 丧失配偶 | 摆脱孤独 | 适应新的生活 |
| | 解决问题 | 学习解决问题的方法 | 有效解决问题 |
| | 适应各种变化 | 保持平衡 | 适应变化、保持发展 |
| 65岁以上 | 离开职业生活 | 安排晚年生活 | 以主动的姿态退休 |
| | 注意身体保养 | 学习医疗保健知识 | 有效保养身体 |
| | 探索新的发展方向、前程 | 安度晚年、老有所为 | 用积极的态度对待生活 |
| | 面临死亡 | 了解死亡及其过程 | 正确对待死亡并给濒临死亡者以帮助 |
| | 解决问题 | 学习解决问题的方法 | 有效解决问题 |
| | 适应各种变化 | 保持平衡 | 适应变化、保持发展 |

（转引自 J. L. Bernard，Le cycle de la vie adulte et de changement，Librairied de l'université de Montréal，1986，pp. 48—54，载高志敏等：《终身教育、终身学习与学习化社会》，华东师范大学出版社 2005 年版，第 67—70 页。）

## 拓展阅读

学习笔记

## 任务三 教育（学习）中不可忽视的主体性

### 一、主体性及其表现

主体性是人作为主体在与客体的关系中所显示出的自觉能动性。具体说来，它包含为我性、自为性、能动性等内容。它是人不可消解的本质特征，有着多重表现。

从人的活动目的来看，主体性表现为人的“为我性”。马克思认为，人不仅是自然存在物，而且是人的自然存在物，也就是说，是为自身而存在着的存在物。这种“为自身而存在”的特性即是人的“为我性”。从人的活动目的而言，个体生活以主体的存在和活动为起点，以主体的发展为归宿，即人的一切活动最终都是指向自我的，都是“为我”的，这是人一切行为的根本动力之源——每个人的自爱必多于爱人、为己必多于为人；每个人必定恒久为自己，而只能偶尔为他人。“为我性”是人们行为的起点与最终归宿。

从行为的动力源来看，主体性表现为人的“自为性”。主体的自为性贯穿于活动的始终，这表现在活动过程的目的性上。人的活动都是为了追求某种预期目的，都是为了实现这个目的。在现实世界中，主体总是把自己的存在和发展当作一个自明的前提，从主体方面去理解事物，从自己出发去从事活动，把事物、活动及其结果看作是为我而存在的，这是人类特有的生存方式。个体从自身的内在规定性和本性出发，主动地设定自己的目标和理想，积极地从事各种活动，是自己生活的自觉行动者和主动行为者，个体目的一经确立，它就作为一种规律规定着人活动的方式和方法，规定着活动的基本方向。主体活动目的是主体需要的一种反映，这种需要使个体成为追求自己生活意义的存在。外在力量也许可以暂时强制人、诱惑人，但人绝对不可能被完全征服。因为人绝不是没有自己主观目的与意志的客体，这是生命体的内在本质。

从相对于客体要素的关系来看，主体性表现为人作为活动主体的“能动性”。作为精神性的存在，人不仅可以把各种物作为认识与支配的客体，而且，还可以反观自身，将自身的感觉、情绪、观念、动机、本能等符号化、客体化，使自己的生命活动本身变成自己的意志和意识的对象。主体能动性还包括主体的选择性和创造性。人的认识是对客观事物能动的反映。对信息的接受、加工和记忆都是经过自己选择的，经过过滤和筛选的。创造性是人的主体能动性的最高表现。主体的活动要受到客体的制约和限制，但主体从不局限于既定的客体，总是在按照自己的目的、意志与意愿创造条件，通过改造客体来满足自己的需要。

**拓展阅读**

## 二、罪犯在罪犯教育中的主体地位

罪犯身份的特点决定了罪犯是一个具有能动性的改造主体。

在教育改造活动中，罪犯作为改造主体具有四个特点：一是具有主观能动性；二是具有个别差异性；三是具有受改造性和改造性的双重性；四是发展变化性。

在教育改造过程中，罪犯并不是简单、被动地接受教育影响，他们会对教育影响进行主动的选择，并对其进行基于自我经验的理解。虽然罪犯必须接受来自监狱人民警察的改造影响，但这种外部的改造，只有通过罪犯的内部精神活动才能起作用。教育改造要想取得理想的效果，一定要争取到罪犯的积极参与及配合才行。

无论是思想的转化，道德水平的提升，行为的养成，还是文化知识、技能的掌握，最终都只能由罪犯自己去实践和熟悉，监狱人民警察所发出的施教行为只是对罪犯学习行为的一种引领和催促。如果只把罪犯当成被改造者，而不促使其由被迫改造的客体地位向自觉改造的主体地位转化，罪犯就没有改造的内在驱动力。只有确立罪犯在教育改造中的主体地位，发挥其主观能动性，罪犯才有改造的积极性，教育改造才会成效显著。1964 年 4 月 28 日，在杭州听取时任公安部领导汇报在省乔司农场（现省乔司监狱）蹲点调研的情况时，毛泽东主席作出重要指示："在一定的条件下，在敌人放下武器，缴械投降以后，敌人中的绝大多数是可以改造的。但要有好的政策，好的方法。"[1] 毛泽东主席指出"人是可以改造的"，但要靠他们自觉，不能只靠强迫、压服，其

〔1〕《"人是可以改造的"重要论断浙江监狱系统实践教学主题展，正式开展!》，载浙江省监狱管理局官网，https：//jygli. zj. gov. cn/art/2021/7/1/art_ 1518764_ 58924005. html，最后访问日期：2025 年 4 月 28 日。

底层逻辑便是如此。

罪犯在接受教育过程中的实践活动具有鲜明的目的性、指向性和参与性，表现了罪犯主动选择的特征。具体地说，罪犯在接受教育改造中的主体性作用主要表现在：

（1）罪犯面对监狱干警教育改造活动时的自主选择：或积极接受，或消极敷衍甚至排斥对抗。

（2）罪犯对监狱干警教育活动的接受与转化。在教育改造过程中，罪犯通过接受监狱干警教育等外在影响，吸收、理解、消化，将监狱干警的教育和要求转化成自己改造的目标和动力，从而对自己的改造提出新的目标和要求。

（3）罪犯对监狱干警的教育并不是消极被动的反应。罪犯可以自主设定改造目标，开展自我评价，从监狱干警的教育改造过程中获取认识，并与自己以往所有的内在认识、思想相结合，从而形成自己新的认识和思想。

**拓展阅读**

### 三、罪犯主体性与罪犯教育

只有从真正意义上把罪犯作为能动的、积极的改造主体来看待，积极创造条件为罪犯在教育改造活动中发挥主体性提供舞台，让罪犯成为改造活动的主人，才能实现罪犯由“要我改造”向“我要改造”的转变，最终提高教育改造的质量。

#### （一）尊重罪犯的人格与需求

我国学者将行刑实践中的人文主义划分为三个层次：其一，关心和改善罪犯的物质生活，包括衣、食、住、医疗、卫生、文化、体育等，这是行刑人文化的最基本的层次。其二，尊重罪犯的人格，维护罪犯的人权等，这是行刑人文化的较高层次。其三，使罪犯的人格得到改造并健康发展，实现其作为人的价值，这是行刑人文化的最高层次。

确立以罪犯为中心的理念，就要把罪犯作为关注的重心、关爱的对象，尊重其人格，重视其人权，给予他们人文关怀，使他们找到尊严和自信，有效地促使他们认罪服法，接受改造和教育。

罪犯的教育改造虽然具有惩罚性，但他们对精神文化的需求，对物质生活的需求，对身体健康的需求和对亲情的需求，应在不违反有关法规的前提下得到满足和保障。

（二）保障罪犯的受教育权

《中华人民共和国监狱法》第五章对罪犯的受教育权从教育方法、内容等方面作了详细规定。在教育手段上，应实行因人施教、分类教育、以理服人的原则，采取集体教育与个别教育相结合、狱内教育与社会教育相结合的方法，并且鼓励罪犯自学；在教育内容上，既包括法制、道德、形势、政策、前途等内容的思想教育，也包括扫盲教育、初等教育和初级中等教育等文化教育以及职业技术教育。

（三）调动罪犯参与教育改造的积极性

1. 引入课程计划遴选机制，构建需求本位的课程内容体系

我国过去的监狱教育内容，从总体上看略有脱离罪犯实际之虞——往往由监狱单方面确定教育内容，缺乏针对性。对此，应大力调整“三课”教育的内容，在广泛开展犯情调研和思想动态排查的基础上，针对罪犯中存在的突出问题和关注的热点焦点问题，引入课程计划遴选机制，尊重罪犯的主动性和自由选择性，让罪犯自己选择接受的教育或培训。调动罪犯参与教育改造的积极性要以罪犯的合理需要为依据规划整个教育内容，以自愿为核心，构建需求本位的课程内容体系。

2. 坚持“互动式”教育，激发罪犯在教育中主体性

在教育改造活动中，监狱人民警察与罪犯是一种互动关系，对罪犯的教育改造，没有罪犯的接受、互动和配合，不可能收到好的教育效果。监狱人民警察不仅是刑罚的执行者，严格的管理者，更是罪犯思想的开导者，心理的调节者，困难的帮助者。要树立监狱人民警察和罪犯人格平等的观念，尊重罪犯的人格和罪犯在教育改造中的自主权。加强沟通，重视罪犯对问题的看法和感受。关注罪犯教育改造的热点、难点，消除罪犯和监狱人民警察的对立情绪。实施关注弱势群体的帮扶工程，帮助罪犯排忧解难。运用个别谈话教育，针对罪犯个体的特殊情况找到教育的突破口。通过“互动式”教育，建立良好的矫正关系，使罪犯主动配合教育改造活动，提高教育改造的实效性。只有取得罪犯的信任与合作，教育改造才会有成效。将罪犯在监狱接受惩罚，变为让其在监狱接受教育，这不仅是一种刑罚目的观的转变，更是教育改造科学化的一

场变革。在教育改造活动中，在保证监狱人民警察在教育改造过程中的主导作用的前提下，“以改造人为宗旨”，确立罪犯在教育改造中的主体地位，提高罪犯自我改造的积极性，才能实现罪犯由“要我改造”向“我要改造”的转变，提高罪犯教育改造的质量。

**拓展阅读**

学习笔记

## 任务四　教育（学习）在监狱工作中的属性和地位

### 一、罪犯教育是监狱工作的关键手段

《中华人民共和国宪法》第 28 条规定："国家维护社会秩序，镇压叛国和其他危害国家安全的犯罪活动，制裁危害社会治安、破坏社会主义经济和其他犯罪的活动，惩办和改造犯罪分子。"

中国监狱作为国家的刑罚执行机关，自然担负着"惩办和改造犯罪分子"的重要职责，《中华人民共和国监狱法》总则第 1 条开宗明义地规定了我国监狱工作的根本宗旨和中心任务是正确执行刑罚，惩罚和改造罪犯，预防和减少犯罪。

在长期的探索与实践中，中国监狱确立并坚持"惩罚与改造相结合，以改造人为宗旨"的监狱工作方针，《中华人民共和国监狱法》总则第 4 条规定，监狱对罪犯应当依法监管，根据改造罪犯的需要，组织罪犯从事生产劳动，对罪犯进行思想教育、文化教育、技术教育。该规定体现出中国监狱改造罪犯行之有效的三大基本手段——监管、劳动、教育。三大基本手段各司其职，各负其责，相互促进，相得益彰，形成一个不可割裂的工作整体。其中，教育通过有计划、有目的、有组织的系统影响，致力于从思想观念及道德价值观上改造罪犯的认知，是攻心手段，发挥着治本作用，是关键和主导，也是监狱工作的灵魂所在，决定着监狱工作的发展方向。

教育要与监管、劳动之间相互协同。一方面，要发挥监管和劳动的教育效能，严格执行监规纪律和改造规范，增强罪犯身份意识，强化行为养成，切实约束教化罪犯，并加强技能培训和劳动纪律教育，将罪犯培养成为具有正确劳动观念、良好劳动习惯、过硬劳动技能的劳动者；另一方面，要树立"向教育要监管、劳动，以教育促监管、劳动"的理念，给予教育以最大限度的空间和时间支持，形成监管、劳动和教育三者之间的相互配合、相互促进、相得益彰。

**拓展阅读**

## 二、罪犯教育是学习型社会的特殊领域

学习型社会的理念，最早由美国学者罗伯特·哈钦斯于 1968 年提出。进入 20 世纪 70 年代，联合国教科文组织将学习型社会定位为未来社会发展的理想形态和奋斗目标，此举迅速激发了全球范围内与教育及人力资源开发相关的国际组织的广泛响应。学习型社会已成为众多国家、地区及社会团体推进教育改革与发展的核心指导原则，是社会发展与进步的重要追求目标，对多数发达国家及部分发展中国家的政策制定产生了深远影响。

建设学习型社会是我国的国家战略。回顾历史进程，自 21 世纪以来，我国便踏上了创建学习型社会的征程。

长期以来，党和国家高度重视学习型社会建设。党的十六大首次在党代会报告中明确提出“形成全民学习、终身学习的学习型社会，促进人的全面发展”。党的十七大、十八大、十九大报告中均继续提出建设学习型社会的任务。党的二十大报告进一步明确提出：“推进教育数字化，建设全民终身学习的学习型社会、学习型大国。”这些政策均与联合国提出“确保包容和公平的优质教育，让全民终身享有学习机会”的可持续发展目标相契合，彰显了建设学习型社会既是世界范围内教育改革发展的重要趋势、也是建设教育强国的战略举措、更是实现中国式现代化的关键路径的重要地位。

所谓学习型社会，就是有相应的机制和手段促进和保障全民学习和终身学习的社会，要以学习者为中心，建立渠道更加畅通、方式更加灵活、资源更加丰富、学习更加便利的终身学习体系，让“人人皆学、处处能学、时时可学”成为现实。

而在这张大网上，各地区、各组织、各学校都应该如同“血肉”，为学习型社会提供丰富的内涵和生动的实践。监狱，作为国家的刑罚执行机关，也必须主动投身并融入学习型社会建设之中，革新观念、拓展视野、立足自身的特殊角色，对罪犯这一特殊群体实施学习强制并为其提供学习支持，为学习型社会的建设作出特殊的应有贡献。

拓展阅读

### 三、罪犯教育是全面依法治国的重要路径

全面建设社会主义现代化国家、全面深化改革、全面依法治国、全面从严治党，“四个全面”战略布局的提出，更完整地展现出新一届中央领导集体治国理政的总体框架，使当前和今后一个时期，党和国家各项工作关键环节、重点领域、主攻方向更加清晰，内在逻辑更加严密，这为推动改革开放和社会主义现代化建设迈上新台阶提供了强有力的保障。

全面依法治国是实现社会主义现代化战略目标的三大战略举措之一，如果不能落实全面依法治国，国家生活和社会生活就不能有序运行，也难以实现社会的和谐稳定。

全面推进依法治国，建设中国特色社会主义法治体系，建设社会主义法治国家，必须坚持依法治国和以德治国相结合。法律是成文的道德，道德是内心的法律，法律和道德作为上层建筑的组成部分，在国家治理和社会治理中具有规范社会行为、维护社会秩序的独特作用。法治就是要发挥法律的规范作用，以其权威性和强制性规范社会成员的行为，用法律的准绳去衡量、规范、引导社会生活。德治就是要发挥道德的教化作用，以其说服力和劝导力提高社会成员的思想道德觉悟，用道德的引导来规范人们的行为和调节社会关系。

法治和德治，犹如车之两轮、鸟之双翼，不可偏废。要始终坚持一手抓法治、一手抓德治，既要发挥好法律的规范作用，以法治体现道德理念、强化法律对道德建设的促进作用，也要发挥好道德的教化作用，以道德滋养法治精神、强化道德对法治文化的支撑作用，着力实现法律和道德相辅相成、法治和德治相得益彰，不断提高国家治理体系和治理能力现代化水平。

罪犯教育，需要紧紧围绕监狱工作的根本宗旨和中心任务，成为以德治国在监狱工作范畴的重要路径，面向罪犯大力弘扬社会主义核心价值观，弘扬中华传统美德，培育罪犯的社会公德、职业道德、家庭美德、个人品德，强化规则意识，倡导契约精神，弘扬公序良俗，提高罪犯的思想道德水平。

拓展阅读

学习笔记

# 项目二　罪犯教育的指导思想和基本原则

## 项目知识图谱

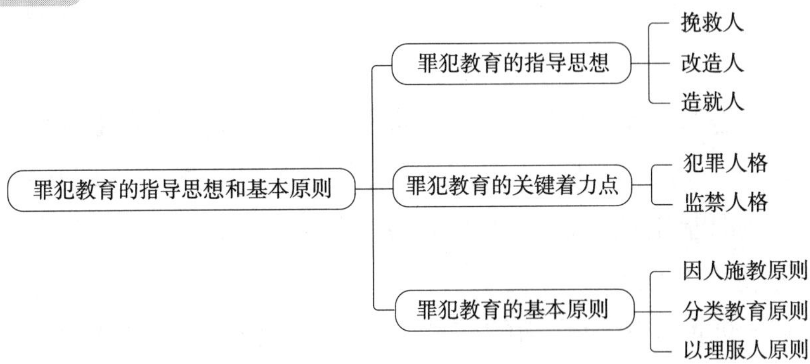


## 任务一　罪犯教育的指导思想

进入20世纪80年代，随着国家改革开放的深入，党和国家为了监狱工作能够适应政治和经济形势的变化，从健全社会主义民主和法制的高度出发，在总结监狱工作历史经验的基础上，依据《中华人民共和国宪法》《中华人民共和国监狱法》基本原则，遵循“改造人”根本任务，研究调整监狱工作方针。

1994年12月，我国颁布了《中华人民共和国监狱法》，其第3条规定：“监狱对罪犯实行惩罚和改造相结合、教育和劳动相结合的原则，将罪犯改造成为守法公民。”1995年2月，国务院公布《国务院关于进一步加强监狱管理和劳动教养工作的通知》，确定监狱工作要坚持“惩罚与改造相结合，以改造人为宗旨”的监狱工作方针。2019年4月，中央办公厅、国务院办公厅专门印发《关于加强和改进监狱工作的意见》，再次强调监狱工作要“坚持惩罚与改造相结合，以改造人为宗旨的监狱工作方针”。这些规定为新时代的监狱工作指明了发展方向，提出了明确的要求。

“坚持惩罚与改造相结合，以改造人为宗旨”的这一方针，其基本精神是坚持监狱的刑罚执行职能，以对罪犯依法实施惩罚为前提，在依法严格文明科学管理的基础上，运用各种有效形式，实现惩罚与改造的有机结合，加大对罪犯的改造力度。这一方针，把“改造人”作为监狱工作的根本任务，对突出改造工作、强化监狱职能、提高改造质量起到了重大的推动作用。

改革开放后新的监狱工作方针，将“以改造人为宗旨”作为监狱工作的出发点和归宿，这是一个重大的理论发展，要求监狱必须围绕“改造人”这一首要任务和最终目标开展工作。这既是多年来中国监狱工作的经验总结，也是中国特色监狱制度特征的体现。

监狱工作方针具体落实到罪犯教育范畴，其指导思想便是“挽救人、改造人、造就人”。

“挽救人”是指监狱为实现特殊预防的刑罚目的，采取正确的方法，开展积极有效的教育活动，改造罪犯的犯罪意识和恶习。挽救，即从危险中救回。“挽救人”就是把罪犯从再次犯罪的危险中拯救出来，将其引导到正确的道路上来，它是罪犯教育活动的出发点。

“改造人”是指在惩罚管制的前提下，采取监管、劳动和教育三种基本手段，促使罪犯转变思想、矫正恶习，增长文化知识，学会谋生本领。这是罪犯教育的过程。

“造就人”是指在监狱内把罪犯改造成为社会的守法公民，这是罪犯教育活动的最终目的和归宿。

“挽救人、改造人、造就人”，作为罪犯教育的指导思想，其内容和侧重点虽有所不同，但三者相互联系、互为补充，构成一个完整的统一体。它强调以挽救人为前提，以改造人为中心，以造就人为目标，促使罪犯认罪悔悟，弃旧图新，任何将三者割裂开来、孤立起来的做法，都会影响罪犯教育指导思想的全面贯彻，使罪犯教育活动偏离正常的轨道，严重影响罪犯教育目的的实现。

## 拓展阅读

学习笔记

## 任务二 罪犯教育的关键着力点

2016年8月以来，浙江省全省监狱系统积极探索开展罪犯修心教育工作，通过“政治攻心、法治正心、道德润心、矫治塑心、情感暖心”，以积极破除罪犯“犯罪人格”和消减罪犯“监禁人格”为关键着力点，努力把罪犯改造成人格健康、适应社会的守法公民，罪犯教育转化成效愈加显著，监狱安全稳定基础愈加巩固，社会认可度和影响力愈加广泛。

开展修心教育工作是浙江省监狱系统贯彻落实习近平法治思想的具体举措，是深化法治浙江建设、争创法治中国示范区的重要内容，是落实总体国家安全观、维护社会安全稳定的有效载体，是深化刑罚执行制度改革、展示中国特色社会主义刑事制度优越性的集成创新，是践行新时代“枫桥经验”的生动实践。

### 一、犯罪人格

犯罪人格是罪犯的社会政治、文化、道德和生理心理特征的总和。具体包括两大组成部分，即罪犯的个性倾向和个性心理特征。这两部分有机地结合，使罪犯人格成为一个整体结构，即称为犯罪人格结构。罪犯的个性倾向是罪犯进行犯罪活动的基本动力，也是犯罪人格中最积极、最活跃的因素，它决定着罪犯对社会的态度，对认识和活动对象的趋向和选择。罪犯的个性倾向一般包括非分的需要、不良的兴趣、错误的信念、错误的价值观和世界观等。罪犯的个性心理特征是犯罪人格中另一个重要组成部分。它是罪犯的能力、气质、性格等多种心理特点的独特结合。因而，它较集中地反映了罪犯心理面貌的独特性、个别性。

了解犯罪人格结构应着重于下列主要因素：

（1）履历特征和法律特征：社会地位、性别、年龄、教育水平、家庭地位、职业、犯罪的性质、有无前科等。

（2）心理特征：反社会倾向、主要认识倾向，以及与个体的基本需要和利益、道德观、法制观相关的生理特点和心理特点。

（3）社会行为特征：在社会团体（劳动集体、学校、家庭和邻里等）中的关系，社会积极性、与反社会因素的联系，自我评价等。

### 二、监狱人格

监狱人格是指罪犯因长期的监禁生活而形成的一种特殊的人格类型。它通常是指正在监狱服刑改造的罪犯所表现出来的人格变化，且这些变化往往会持续到刑释回归社会之后的很长一段时间，有的罪犯甚至会终生保留这种因长期监禁生活所形成的人格印记。

监狱人格主要有以下四种具体类型：

1. 对抗型人格

对抗型人格是与监狱及其管理人员或社会严重对立的人格类型。拥有此类人格的罪犯具有如下表现：反社会心理强烈，报复心重，不遵守监规纪律，不服管教，顶撞干警，欺压同犯，在狱内称王称霸，抗拒改造，对任何人和事都表现出怀疑、仇视的阴暗心理。

2. 顺从型人格

顺从型人格的形成是由于对刑罚惩罚的恐惧和对长期监狱生活的麻木。拥有此类人格的罪犯几乎丧失了独立人格和判断是非的能力，处处表现出卑微、服从，逆来顺受，随波逐流，没有主见，惟权威是从的状态。

3. 双重型人格

双重型人格即人格上表现为两面性。拥有此类人格的罪犯在监狱生活中经常变换自己的面孔，对强者和权威卑微屈从，对弱者横加欺辱、盛气凌人；大庭广众面前表现得忠厚老实，暗地里却表现出贪婪凶恶的本性；当面一套，背后一套。

4. 欺诈型人格

欺诈型人格表现为说谎成性。拥有此类人格的罪犯常以说谎和欺骗的手段在监狱生活中谋取好处或骗取干警、同犯的好感，掩盖错误，浑水摸鱼。

监狱人格是罪犯个体在与监狱环境交互作用的过程中形成的一种病态人格，不利于罪犯的改造和身心健康。

**拓展阅读**

学习笔记

## 任务三　罪犯教育的基本原则

《中华人民共和国监狱法》第61条规定，教育改造罪犯，实行因人施教、分类教育、以理服人的原则。这3项原则，是我国监狱教育改造罪犯实践经验的科学概括和总结，充分体现了我国教育改造工作的社会主义特色。

### 一、因人施教原则

因人施教原则即根据罪犯的不同情况，采取相应的教育内容和方法，进行有针对性的教育。这是以辩证唯物主义基本原理为依据的。唯物辩证法认为，世界上万事万物都具有自身的矛盾特殊性，不同质的矛盾，只有用不同质的方法才能解决。罪犯的情况是千差万别的，不可能是完全一样的。因人施教就是根据罪犯个体的犯罪性质、出身经历、犯罪原因、文化程度、思想特点和现实表现等不同情况，采取与之相适应的教育内容和方法，开展有针对性的教育改造工作。就像医生治病那样，首先要认真细致地研究“病历”，准确地诊断“病情”，然后制定科学的“治疗方案”，进行精心“治疗”，才能获得最佳治疗效果。因人施教，是因人而异、“对症下药”，这是我国教育改造罪犯的一条成功经验。贯彻因人施教原则，在实际工作中应当做到：①加强调查研究，摸清罪犯的具体情况，做到心中有数。②根据罪犯的不同情况和特点，采取不同的教育内容和方法，做到“一把钥匙开一把锁”，以获得教育改造的最佳效果。③辨别不同情况，依法妥善处理罪犯的申诉、奖惩、生活卫生、疾病治疗等实际问题，以此教育感化罪犯。

### 二、分类教育原则

分类教育原则即根据罪犯的性别、年龄、犯罪性质、刑罚种类、刑期和改造表现等不同情况，将罪犯分为不同类型，采取不同的教育内容和方法。分类教育既是一项教育改造工作应当普遍遵循的原则，也是一种十分常用的教育改造方法。分类教育的优点在于：一是符合经济性原则，即以较小的投入获得较大的效益。二是具有较强的针对性，便于针对同一类型罪犯中普遍存在的共同性问题，组织相应的教育改造活动，安排教育内容，解决某类罪犯的共性问题。采取分类教育原则可以克服不加区分千篇一律会导致的缺乏针对性的弊端。贯彻分类教育的原则，在实际工作中应当做到：①准确地了解罪犯的犯罪性质、刑期、年龄、性别、恶习程度、文化程度、接受能力等基本情况，根据不同标准进行分类编班。②认真研究各类罪犯的特点和改造规律，采取有针对性的教育内容和措施，以提高教育改造质量。

### 三、以理服人原则

以理服人原则即对罪犯进行教育改造应当通过摆事实、讲道理的方法，做耐心细致的说服教育工作。管教干警不能以势压人，用简单粗暴的方法解决罪犯的思想问题。监狱对罪犯的教育改造是在限制人身自由的基础上强制进行的，这是罪犯转化思想和掌握知识技能必不可少的客观外界条件。但是教育改造的根本目的是改造罪犯的思想和恶习，解决罪犯精神领域的问题。根据马克思主义的基本原理，凡属思想问题、精神世界的问题，只能说服，不能压服。依靠强迫、压服的办法，不仅不能从根本上解决罪犯的思想问题，而且还可能适得其反。只有用启发、引导、说服的方法，才能使罪犯心悦诚服，接受教育改造。贯彻以理服人的原则，在实际工作中应当做到：①管教干警要掌握政策、法律和科学理论，提高执法水平，讲究科学的工作方法和艺术，使罪犯从心理上到行为上都乐于接受教育改造。②坚持正面教育与疏导相结合，以说服教育为主，批判惩戒为辅。要沟通思想，讲明道理，启发、引导罪犯走上自新之路。③要引导罪犯讲真话，暴露真实思想，允许罪犯申辩和提出不同看法，对罪犯一时想不通的问题，管教干警应当耐心等待，反复地启发教育。④处理问题要坚持实事求是，公正廉明，避免凭个人印象主观臆断。

在监狱法原则的基础上，司法部在《教育改造罪犯纲要》中，对罪犯教育的原则进行了进一步的细化：

以人为本，重在改造。教育改造罪犯，要充分了解和掌握罪犯的思想动态，充分考虑罪犯的自身情况，着眼于罪犯顺利回归社会，采取有针对性的改造措施。

标本兼治，注重实效。教育改造罪犯，要把规范罪犯行为与矫正罪犯犯罪意识有机地结合起来，增强各种改造手段和措施的实际效果。

因人施教，突出重点。教育改造罪犯，要根据不同类型、不同罪犯的实际情况，实施分类教育和个别教育，尤其对重点类型、重点罪犯，要重点采取教育改造措施，实现教育改造效果的最大化。

循序渐进，以理服人。教育改造罪犯，应当按照罪犯的思想转化规律，制定工作计划，分阶段、有步骤地实施；要坚持摆事实、讲道理，对罪犯开展耐心细致的说服教育工作。

## 拓展阅读

学习笔记

# 项目三　罪犯教育的总体框架

## 项目知识图谱

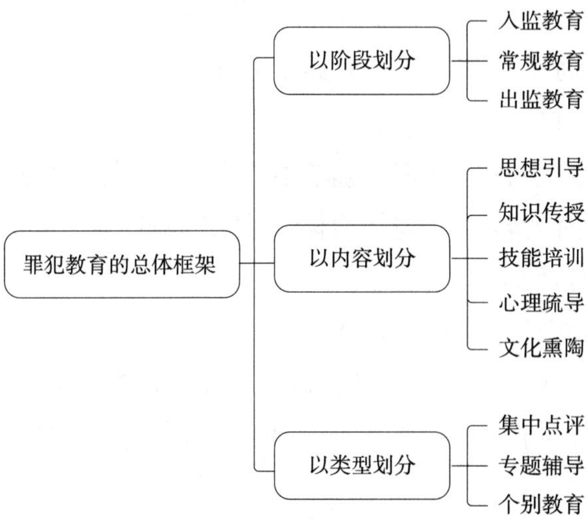


## 任务一　以阶段划分

### 一、入监教育

入监教育是指监狱对新收押的罪犯实施的教育活动，在全面了解罪犯的家庭情况、人生经历、身心特征、文化水平、兴趣特长、不良习惯、犯罪事实等具体情况的基础上，对罪犯进行监狱知识教育和服刑指导。

#### （一）入监教育的内容

入监教育的内容主要包括监狱功能教育、认罪服法教育、行为规范教育、岗前知识教育、政策前途教育。

监狱功能教育，是指让罪犯认识监狱的任务是惩罚和改造罪犯，帮助罪犯梳理接受惩罚和改造的罪犯角色意识，引导罪犯正确面对改造任务、处理好与监狱干警和他犯之间的关系。

认罪服法教育，是指帮助罪犯承认犯罪事实，认清犯罪危害，服从法院判决，主动坦白检举，引导罪犯查找自身犯罪的原因，端正改造态度。

行为规范教育，是指根据《监狱服刑人员行为规范》的主要内容，结合罪犯改造生活实际，讲解监狱基本规范、生活规范、学习规范、劳动规范、文明礼貌规范的具体含义，组织队列会操和内务训练，培养罪犯遵守规范和纪律的意识。

岗前知识教育，是指根据监狱劳动生产具体情况，组织罪犯参加习艺劳动，讲授生产安全知识、生产技术知识，引导罪犯树立劳动改造思想。

政策前途教育，是指让罪犯认识国家刑事司法政策，学习计分考核制度和减刑假释政策，鼓励罪犯放下思想包袱，明确改造目标，树立改造信心，争取改造成绩，早日回归社会。

入监教育是过渡性教育，在入监教育阶段应实现监狱充分了解罪犯，罪犯充分认识监狱，从而为转入常规教育阶段奠定基础。

### （二）入监教育的组织

罪犯收监后，监狱对罪犯进行入监教育，入监教育结束前，监狱进行教育评估，根据评估结果提出分类建议、制定改造方案，最后把罪犯分流到各监区。罪犯入监教育时间不少于两个月。如果罪犯入监教育考核不合格，可以延长入监教育时间。

入监教育的具体环节主要包括个别谈话、入监动员、入监调查、心理测验、集中教育、考试考核、个人总结、监区鉴定、教育总结。

个别谈话。教育干事或包干民警在查阅罪犯档案的基础上进行个别谈话，了解罪犯的基本情况，初步掌握罪犯的思想状况，对其提出希望和要求。

入监动员。分管教育改造的监狱和监区领导，对新入监罪犯作入监动员，鼓励新入监罪犯消除入监适应障碍心理，积极参加入监教育改造活动。

入监调查。这一环节重在了解和掌握罪犯四个方面的情况，分别是个人成长史、犯罪史、服刑史以及对未来的打算。

心理测验。监狱使用 COPA 等系列量表对罪犯进行心理测验和危险性评估，根据调查结果采取针对性措施。

集中教育。监狱按照教育内容制定教学计划、落实授课人员，组织实施教学。

考试考核。集中教育结束后，监狱以卷面考试、队列会操、内务评比等形式进行考试考核，检验教学效果。

个人总结。考试考核结束后，包干民警指导罪犯撰写入监教育总结，对入监教育总结进行小组评议。

监区鉴定。在罪犯考试考核、个人总结、小组评议的基础上，包干民警结合罪犯的具体表现情况，对罪犯做出鉴定，提出下一步改造的指导性意见。

教育总结。监区鉴定后，监狱召开总结大会，肯定入监教育成绩，指出存在的问题，提出希望和要求。

### （三）入监教育的原则

坚持认罪教育和服刑指导相结合。监狱应围绕认罪服法这条主线，开展法治教育和道德教育，同时做好服刑指导，帮助罪犯适应改造生活。

坚持思想教育和行为教育相结合。思想教育决定行为养成的水平，行为养成是思想教育成效的具体表现，罪犯教育应思行结合，确保教育效果。

坚持规范教育和人文关怀相结合。监狱既要通过规范教育约束罪犯，强化罪犯的规矩意识，又要通过人文关怀消除罪犯的入监适应障碍，帮助罪犯树立正确心态。

坚持集体教育和个别教育相结合。针对罪犯的不同情况，监狱要因人施教，采取集体教育和个别教育相结合，灵活开展入监教育。

## 二、常规教育

入监教育结束后，罪犯被分流到监区，进入常规教育阶段。常规教育也被称为日常教育、普通教育。

### （一）常规教育的内容

常规教育主要包括思想教育、文化教育、劳动和职业技术教育、心理健康教育。

思想教育。其内容主要包括认罪悔罪教育、法律知识教育、道德修养教育、时事政策教育。

文化教育。根据罪犯的文化水平，开设扫盲、小学、初中等 3 个层次的教学班，开设语文、数学、历史、科学等课程。

劳动和职业技术教育。其内容主要包括生产安全知识教育、劳动岗位技能教育、劳动价值观教育。

心理健康教育。通过课堂集体教育、心理咨询和心理干预等方式，提高罪犯的心理健康水平，消除不良情绪，克服心理障碍。

（二）常规教育的任务

第一，消除罪犯的消极思想，促进罪犯认罪悔罪，帮助罪犯树立正确的人生观、价值观和世界观。

第二，提高罪犯接受思想教育的能力，提高罪犯掌握职业技术的能力，提高罪犯的文化程度。

第三，教育罪犯认识劳动的意义，端正劳动态度，遵守劳动纪律，提高回归社会的适应能力。

第四，培养罪犯健全的人格和良好的心理品质，努力提高罪犯的整体心理素质和心理健康水平。

（三）常规教育的激励措施

为了激发罪犯改造的积极性，监狱应采取一定的激励措施，主要有奖惩激励和评价激励。

1. 奖惩激励

奖惩激励就是利用奖励或惩罚的方法，对罪犯的正面行为予以肯定，对负面行为予以否定，激发罪犯的内在改造动力。

奖励激励，包括刑事奖励和行政奖励。刑事奖励主要包括减刑、假释等。行政奖励主要包括表扬、分级处遇升级、离监探亲等。

惩罚激励是负面激励，当服刑人员在服刑期间违规违纪，符合法律规定的处罚条件时，监狱可以给予行政处罚或提请给予刑事处罚。

2. 评价激励

评价激励通过观察、分析、竞赛、考核、评论、总结的方式，对罪犯改造进行评估，主要包括定期评议、单项评比和年度综合评审。

定期评议，是指以行政小组为单位，罪犯之间开展批评和自我批评。该评议由包干民警主持，每月或每季进行一次。

单项评比，是指在劳动竞赛、文化竞赛、生活卫生评比、无违规月评比等专题性竞赛活动中进行的评比。

年度综合评审，是指总结一年来的改造情况，开展年终评审，评选改造积极分子。

**三、出监教育**

常规教育结束后，进入出监教育阶段。出监教育是监狱旨在促进罪犯成功回归社会，对即将出狱的罪犯进行包括遵纪守法、形势政策、就业指导在内的专项教育。出监教育是罪犯从“监狱人”向“社会人”过渡的重要举措。

### （一）出监教育的目的

出监教育是为了巩固和提升罪犯教育改造成果，使罪犯顺利回归、适应、融入、立足社会，从而不再重新犯罪，成为守法公民。

#### 1. 巩固常规教育成果

结合罪犯学习、劳动和生活实际，监狱通过考核和总结巩固常规教育阶段的教育改造成果。

#### 2. 彻底改造错误思想

罪犯要学习和了解新的法律知识，增强法治观念，解决在常规教育阶段没有解决好的思想问题，彻底放弃报复心理和再犯罪思想。

#### 3. 促进重新回归社会

监狱要通过各项教育提升罪犯就业创业能力，克服其回归社会前的心理问题，提升其适应社会能力。

### （二）出监教育的内容

出监教育的内容主要包括法律法规教育、形势政策教育、安置教育、就业创业指导、心理调适教育、模拟社会实训等。

法律法规教育。其内容包括宪法、刑法、物权法、婚姻法、劳动法、合同法、继承法、公司法、诉讼法等。

形势政策教育。其目的是帮助罪犯了解国家当前的政治、经济、社会等各方面的新形势。

安置教育。其内容是向罪犯介绍国家及地方有关刑满释放人员安置帮教工作的规定，包括释放后如何到当地公安机关落户、如何接受社区矫正等。

就业创业指导。其内容是介绍当前的就业和创业政策，辅导罪犯查找就业信息、了解税收政策，引导罪犯树立正确的就业创业观。

心理调适教育。监狱要预设罪犯回归社会后可能遇见的困难，帮助罪犯克服茫然、愧疚、惶恐等不良心理，鼓励罪犯以积极的态度迎接新生活。

模拟社会实训。监狱要通过开展适应社会的专项训练，使罪犯亲身体验各项社会生活场景，学习立足社会和谋生的基本常识和技能。

### （三）出监教育的组织

常规教育结束后，罪犯进入出监分监区接受出监教育。出监分监区要结合罪犯的改造情况，组织开展出监教育。

出监谈话。包干民警针对罪犯的现实改造表现，与罪犯进行面对面的谈话交流，解决罪犯的思想和实际问题，鼓励其遵纪守法，适应社会。

回归宣誓。这是罪犯在重返社会之前的宣誓仪式，旨在通过宣誓，让罪犯铭记教训，净化心灵，树立信心。

出监评估。监狱针对即将出监罪犯的教育改造状况及其效果进行考核评价，对出监后的犯罪可能性和社会危险性进行预测。

教育衔接。监狱结合罪犯改造情况、出监评估情况，向罪犯原籍所在地司法行政机关提出管理和教育的意见建议。

**拓展阅读**

学习笔记

## 任务二　以内容划分

### 一、思想引导

思想是行动的先导，有什么样的思想就有什么样的行动。改造罪犯，就是要转变罪犯的错误思想，矫正错误思想背后的恶习。如果罪犯不能真正打开思想的天窗和心灵的大门，再和煦的阳光和春风也无法扫除灵魂深处的阴霾。

（一）思想引导的任务

思想引导是教育改造罪犯的一个重要内容，也是教育改造罪犯的重要手段，其目的是破除原有的犯罪思想，帮助罪犯建立新的思想。

1. 改造罪犯的错误思想，引导罪犯树立正确的三观

监狱对罪犯进行思想教育，首先要着力纠正罪犯无视法律法规约束的错误认识，改造罪犯极端利己的错误价值观，转变罪犯享乐主义的人生观，引导罪犯树立遵纪守法、爱岗敬业、文明和谐的正确认识，做有利于国家和人民的人。

2. 疏导罪犯的不良情绪，引导罪犯树立正确的改造态度

罪犯在改造过程中可能会出现自卑、愧疚、悲观、失望、抵触、放纵等不良情绪和消极态度，这需要民警及时化解和疏导，使罪犯能够以正确的态度对待改造任务，用正确的方式处理人际关系，积极健康乐观地面对服刑生活。

（二）思想引导的要求

高压强制的被动灌输教育容易使罪犯产生抵触情绪，科学的思想教育不仅要求人文主义贯穿始终，还需要讲究方法技巧，以期实现教育的目的。

1. 定向主导与平等交流相结合

思想引导的内容要以社会主义核心价值观体系为主导。富强、民主、文明、和谐，是我国社会主义现代化国家的建设目标，自由、平等、公正、法治，是对美好社会的描述，爱国、敬业、诚信、友善，是公民基本道德规范。同时，在思想引导过程中，民警要以平等的身份与罪犯交流，不能高高在上，空讲大道理。

2. 严格要求与尊重关心相结合

教育改造罪犯，要严格要求、严格管理，坚持刑罚执行的基本原则，保证国家制裁的权威性和严肃性。同时，也必须依法保护罪犯的合法权益，不仅要

保障罪犯基本的生活和卫生，还要尊重罪犯的人格，关心罪犯的成长进步，帮助解决罪犯的实际困难。

3. 理论教育与生活实际相结合

物质决定意识，经济基础决定上层建筑。罪犯许多错误思想来源于其生活实际。很多罪犯本身就有许多不幸的人生经历，在其入狱后，他的家庭也可能面临更大的困难。在理论教育的同时，要力所能及地解决罪犯甚至其家庭的生活实际困难，通过生活小事让罪犯领悟大道理。

4. 言传与身教相结合

言传是指口头上传授，身教是指行动上以身作则，言传身教就是言语行为都要起到模范作用。监狱民警不仅要在集体教育和个别教育中用自己的语言教育罪犯，还要用自己的行动带动罪犯，用自己的做法感动罪犯，用自己的表现启发罪犯。

## 二、知识传授

文化知识是活动的定向工具，对活动起着指导和调节的作用。由于文化知识水平的不同，个体的活动过程也存在着差异。罪犯的犯罪行为也与其文化水平密切相关。知识传授要针对罪犯的不同文化程度，通过扫盲教育、小学教育、初中教育和高中教育等，向罪犯传授文化知识。有条件的监狱应该鼓励罪犯参加高等教育自学考试等，帮助罪犯获得更高学历。

### （一）知识传授的任务

1. 提高罪犯接受思想教育的能力

罪犯较低的文化知识水平不仅可能导致其犯罪，还会成为其接受更高水平教育的障碍，如文盲很难自主学习文化知识。因为文化知识的匮乏，许多罪犯既不了解基本的科学常识，也不了解国家的形势政策、历史人文，逻辑思维能力也比较弱，难以接受思想教育。文化学习可以保证罪犯拥有能够接受思想教育的基本能力。

2. 提高罪犯掌握职业技术的能力

许多罪犯犯罪是因为没有劳动的技能，无法在社会上立足；重新回归社会后，如果仍然没有一技之长，很可能会再次犯罪。因此监狱要对罪犯进行职业技能的培养。而技能的形成，则需要基础知识的铺垫和积累，和对更高水平知识的理解和领悟。只有使罪犯具有一定的文化水平，才有可能帮助他们掌握职业技能。

3. 提高罪犯的文化程度

从整体上看，罪犯群体的文化素质低于社会平均水平。尤其是攻击型犯罪的罪犯，往往自控力差、情商低、考虑问题简单化、崇尚暴力。通过文化教育，提高罪犯的文化素质，罪犯的暴力倾向会得到改善。通过文化教育，提高罪犯的文化程度，也是使罪犯更好地适应社会发展的客观要求。

（二）知识传授的要求

1. 知识性和思想性相结合

知识不仅仅是知识本身，还包含政治观点和思想倾向。尤其是对罪犯的文化教育，更要重视思想观点和政治倾向的问题，这就要求每门学科知识的传授要体现辩证唯物主义和历史唯物主义的世界观与方法论，培养罪犯热爱祖国、热爱人民、热爱社会主义的世界观，帮助罪犯既得到科学知识，又促进思想改造。

2. 系统性和层次性相结合

文化知识是系统的、有层次的，不是孤立的、混乱的。对罪犯进行文化教育既要考虑它的系统性，也要兼顾它的层次性。罪犯在刑期、年龄、文化基础等方面有所不同，因此就要根据罪犯的基本情况进行编班。在编班时也要注意不能简单套用罪犯档案的信息，要掌握罪犯真实的文化水平，分别进行不同程度和不同要求的文化教育，以保证学习效果。

3. 实用性与速成性相结合

许多罪犯文化水平低，是因为在未成年时错过了一定的教育机会。除未成年犯外，对绝大多数罪犯来讲，其已经超过了接受常规学校教育的适龄期，因此教育是一种特殊性质的成人教育。因此，对罪犯的教学要考虑到知识的实用性，同时也要注意精简、集中、浓缩，争取让罪犯以较短的时间迅速完成学习任务，掌握更多更实用的知识与技能。

**三、技能培训**

技能教育是罪犯教育的一项重要内容，年龄不满50周岁、没有一技之长、能够坚持正常学习的罪犯，都应当参加技能培训，适应刑满就业的技能性需要。有一技之长的罪犯，也需要参加技能培训，以适应监狱生产需要。

（一）技能培训的任务

1. 树立正确的劳动观

要教育罪犯认识劳动的意义，端正劳动态度，遵守劳动纪律，消除好逸恶劳、贪图享受的错误思想。

2. 培养一技之长

要培养罪犯的劳动技能，使罪犯具备谋生的手段，回归社会后能够用劳动技能谋得职业，自食其力，在社会上立足。

3. 培养正确的职业道德

要教育罪犯树立基本的职业道德意识，引导罪犯用正确的职业道德规范来指导自己的行为，养成良好的职业习惯。

（二）技能培训的要求

1. 立足改造和突出技能相结合

劳动改造是教育改造的重要内容和手段，劳动和职业技能教育要建立在改造基础之上，为改造服务。同时，帮助罪犯掌握技术以使其成功回归社会，是教育改造的一个重要目标。

2. 面向生产和着眼就业相结合

技能培训要着眼于监狱生产，满足监狱生产需求的同时，监狱可以开展更多周期短、见效快、实用性强的技能培训，以帮助罪犯刑满释放后的再就业。

**四、心理疏导**

改造罪犯的心理就是要改变、矫正、转化罪犯的不良心理，外化为积极、正向的个体行为。心理差异在犯罪和非犯罪的行为种类中起着重要作用。要帮助罪犯找出导致其违法犯罪的心理根源，引导罪犯加强与他人的交流与沟通，培养建立和谐人际关系的能力。

（一）心理疏导的任务

1. 心理健康维护

面向全体罪犯为主，通过常规的教育训练来培养罪犯心理品质，提高罪犯基本心理素质。内容包括智能训练，学习心理辅导、情感教育、人际关系指导、健全人格的培养、自我心理修养的指导等。

2. 心理行为问题矫正

面向部分具有心理、行为问题的罪犯开展心理咨询、行为矫正训练，属于矫治范畴。内容包括：改造适应问题，如对改造焦虑、改造困难等问题的咨询和调适；情绪问题，如对抑郁、恐惧、焦虑、紧张、忧虑等情绪的调节与辅导；行为问题，如对暴力、自伤自残、自杀等行为的咨询与矫正；身心疾患问题，如对神经衰弱、失眠、神经性强迫症等身心疾患的治疗和矫正。

（二）心理疏导的要求

1. 整体性与差异性相结合

要全面整体地看待罪犯心理问题，不能把罪犯心理问题归结为罪犯个体问题，要看到引起罪犯心理问题的社会原因。客观看待罪犯群体的整体心理问题，认识到心理因素是导致犯罪的重要原因，同时也要看到由于个体特质导致的个体心理差异问题。

2. 主体性和指导性相结合

尊重心理科学规律，既要重视施教者，发挥施教者在心理咨询和干预中的指导作用，又要尊重罪犯的主体地位，充分发挥罪犯的主体作用，以罪犯的现实改造、生活、学习中的问题为基础，帮助罪犯不断提高心理健康水平。

**五、文化熏陶**

文化熏陶是指监狱利用硬件和软件环境对罪犯进行积极影响，让罪犯受到潜移默化、耳濡目染的影响、感化和熏陶。硬件环境主要包括监狱主体建筑、文化设施、美化物态等，软件环境主要包括规章制度、文化宣传活动、文艺体育活动等。

（一）文化熏陶的任务

1. 布置监区建筑环境

合理布置草坪、花木、雕塑、楹联等美化物态，根据节日和活动日需要，悬挂和张贴有文化性和艺术性的字、画、牌等，营造良好的改造环境。

2. 建设监区文化设施

监区文化设施是罪犯教育、文化活动的主阵地，是提高罪犯文化水平和文化素养，传播社会主流文化的场所和载体。监区文化设施主要包括阅览室、心理咨询室、文体活动室、广播室，阅报栏、宣传栏，宣传墙、宣传牌等。

3. 提炼监区文化主题

结合监狱当地传统文化和监狱自身实际，按照因地制宜、量力而行的原则，尽量满足不同层次罪犯的文化需求，合理规划，分步实施，打造“一区一品一主题”监区文化主题。

4. 开展监区文化宣传活动

活动主要包括组织罪犯读书、读报，组织收听、收看广播、影视节目，组织升挂国旗仪式等。

5. 开展监区文艺体育活动

监区要成立文艺、体育兴趣小组，有条件的成立艺术团，组织罪犯开展文艺活动和体育活动。

（二）文化熏陶的要求

1. 认识导向

健康文明的监区文化蕴藏着明确的改造目标，良好的道德规范和抑恶扬善的改造风尚。将罪犯置身于健康的监狱文化中，用优良的风气和丰富多彩的文体活动，激发罪犯积极的改造态度，缓解消极改造情绪，从而发挥文化熏陶的认识导向作用。

2. 陶冶情感

美化监区环境，借助美的事物和情境，激发罪犯对美的情感体验，净化心灵，陶冶情操。

3. 规范行为

监狱建立各项管理和教育制度，对罪犯起到指导、约束、矫正、激励作用，从而使罪犯逐步适应监内改造生活，规范服刑行为。

**拓展阅读**

学习笔记

## 任务三　以类型划分

### 一、集中点评

集中点评是以监区或分监区为单位，民警对罪犯在某个时间段或某项改造活动中的具体表现进行讲述和评议，肯定成绩，指出缺点，提出要求。集中点评是非常重要的集体教育形式，在教育改造工作中也非常普遍，如出收工点评教育、学习动员、评比小结等都属于集中点评的范围。因此，集中点评是监狱民警的一项基础性工作，也是监狱民警必备的一项技能。

#### （一）集中点评的特点

灵活性。集中点评的时机比较灵活，可以就某个大型专题活动进行集中点评，也可以就当日的劳动改造任务完成情况进行点评；可以就个别罪犯先进事迹进行点评，也可以就某一次偶然的罪犯间冲突进行点评。

简洁性。集中点评应言简意赅，要用简洁的语言描述问题、强调纪律或者布置任务；尤其是出收工时的队前点评，时间不宜过长。针对专题活动的动员性点评和总结性点评，也应当控制时间，防止点评时间过长以致罪犯精力分散或身体疲劳，由此引起罪犯的抵触情绪。

针对性。集中点评应当有针对性，特别是专题点评的教育主题要明确、内容要一致。在周点评或月点评时，可能会涉及学习、生活、劳动等多方面内容，更应该抓事情的主要矛盾和主要方面，以提升点评的实效。

及时性。任何工作都要讲时机，集中点评一定要趁热打铁及时进行，把握好点评时机以求事半功倍的效果。比如，对专项文体竞赛活动进行动员点评，如果拖到了活动正式开始之后，就失去了动员的目的；对生产劳动中某一劳动小组出现的产品差错没有及时集中点评，则可能导致更多的产品质量问题。

#### （二）集中点评的类型

对集中点评进行分类，有利于我们抓住点评主题和内容，更好地开展点评教育。

1. 根据时间不同分为日点评、周点评和月点评

日点评主要由当天值班的民警针对本监区、分监区或小组的学习情况进行通报、小结，或者指出当日的劳动问题、布置下一步的劳动任务等。周点评主要由分监区领导组织、参与，针对一周以来分监区罪犯的思想、行为、生活、

劳动和学习等各方面进行总结。月点评主要由监区领导组织、参与，针对监区一个月以来的罪犯改造情况进行总结。

2. 根据专题的不同分为思想教育点评、劳动点评、学习点评和活动点评

思想教育点评主要围绕罪犯在改造过程中的思想动态进行专题点评。劳动点评主要围绕罪犯的劳动纪律、劳动任务和产品质量进行专题点评。学习点评主要围绕罪犯文化知识学习情况进行专题点评。活动点评主要围绕罪犯生活卫生、文娱体育、遵守监规纪律等情况进行专题点评。

3. 根据形式的不同分为会议点评、现场点评

会议点评主要是指把全体或部分罪犯集合在固定地点，就改造中的思想、劳动、学习以及活动情况以会议的形式进行讲解和评述。这种点评方式一般需要制定详细的计划，点评内容涉及方面较多，时间较长。现场点评一般是为了解决罪犯在改造现场中产生的问题，多用队列的形式进行。

## 二、专题辅导

专题辅导是监狱对罪犯进行的专项教育，如文化知识学习、安全生产、情感伦理等专题教育，常见的主要形式有课堂教学、亲情帮教、主题讲座。

### （一）课堂教学

课堂教学是指监狱根据罪犯的文化程度等把罪犯编成固定教学班，根据教学计划中的教学内容和教学课表，以课堂面授的形式对罪犯进行思想、文化和技术教育，通常被称为“三课教育”。课堂教学主要包括民警或社会人士讲解，罪犯问答，教学活动以及教学过程中使用的所有教具等。

1. 课堂教学的特点

集体性。与个别教育侧重解决罪犯个人的特殊情况不同，课堂教学是针对罪犯群体，以解决共性问题为目的的按班级实施的教育活动。

系统性。民警或社会人士根据统一的教学计划和教材对全体罪犯进行教育，学科设置、课程安排、知识内容等均具有系统性和整体性。

强制性。受教育既是罪犯的权利，也是罪犯的义务。受教育是罪犯接受改造的一种手段，具有刑罚的性质，即受教育是“教育刑”，具有强制性。

2. 课堂教学的构成

备课。备课是民警或社会人士根据教学大纲的要求结合罪犯的具体情况，明确教学目标、分析教学重点和难点、设计教学方法并形成教案的过程。

授课。授课是指民警或社会人士按照教案通过讲解、示范等方法把教学内容传授给罪犯的过程，是课堂教学的主体，主要包括讲授、指导、展示、互

动、练习等教学行为。

作业。作业是指为完成学习方面的既定任务而进行的活动。民警或社会人士根据课堂教学的内容，围绕教学难点、重点，通过作业的形式让罪犯独立完成任务，以巩固课堂教学知识。作业分为课内作业和课外作业，课内作业是民警或社会人士在上课时布置罪犯当堂进行的各种练习，而课外作业是罪犯在课外时间进行的学习活动。作业形式主要包括口头作业、书面作业和实践活动作业。

考核。考核是对罪犯学习效果的检测和评估。广义上的考核主要有课堂提问、检查作业、测试等。狭义上的考核通常指学期总结性检查，一般采用笔试、面试和实践考核等形式。

（二）亲情帮教

为了更好地改造罪犯，监狱会积极争取罪犯亲属的支持，以配合监狱开展有益于罪犯改造的各种帮助教育活动。亲情帮教就是利用罪犯和亲属间的亲情关系，加深罪犯的积极情感体验，达到用亲情感化罪犯，调动罪犯改造积极性的目的。亲情帮教的形式主要有个别罪犯的亲情会见、亲情电话、大型亲情帮教活动和家访。

1. 亲情会见

罪犯可以在休息日和国家法定节假日和亲属会见，每次会见时间一般不超过 30 分钟，每次会见人数一般不超过 3 人。未成年罪犯会见的次数和时间，可以适当放宽。

2. 亲情电话

亲情电话是罪犯与家人有效沟通的桥梁。在罪犯亲属不方便来监会见时，可以拨打亲情电话。亲情电话一般每月不超过一次，每次通话时间一般不超过 10 分钟。未成年罪犯通话的次数，可以适当放宽。

3. 大型亲情帮教活动

监狱利用重大节假日，邀请罪犯亲属到监狱内与罪犯团聚，同时可以组织亲情会餐、文艺演出等，以唤起罪犯的情感共鸣，激发罪犯的感恩意识。

4. 家访

对于因各种原因不便来监狱会见或无法拨打亲情电话的罪犯，民警应到罪犯家中了解罪犯家庭情况，帮助罪犯调节家庭矛盾、恢复家庭关系、解决家庭困难。

（三）主题讲座

民警或社会人士就与学习、生活、劳动等有关的某个主题以讲座的形式对罪犯进行定期或不定期的教育。具有以下特点：

针对性。讲座主题明确，紧扣监狱要求，贴合罪犯的思想实际和服刑生活，精准设计目标，因此具有较强的针对性。

多样性。主题讲座的内容涉及面较广，主要有认罪悔罪教育、遵规守纪教育、社会主义核心价值观教育、中华优秀传统文化教育、生命教育、心理健康教育、生产劳动安全教育等。

灵活性。形式上比较灵活，讲座过程中或者后半段可以开展师生互动。人数上比较灵活，可以根据所讲内容确定接受辅导的人数。时间上比较灵活，可以定期举办也可以随时组织。

通俗性。讲座的受众广泛，不同的听众有不同的人生经历、文化程度，因此讲座通常比较通俗易懂，不同层次听众都能够接受。

实效性。主题讲座通常建立在深入细致的实践调查研究基础之上，经过长时间充分准备，能在有限的时间内传递大量、系统的知识，具有较强的实效性。

## 三、个别教育

个别教育是指民警根据罪犯的个体特征和改造实际出发，设计个体性的教育方案，采用针对性的教育方法，对罪犯进行一对一或多对一的帮助教育，实现特定的教育目的。个别教育是为了解决罪犯个体的具体问题，是集体教育和分类教育的深化和补充。

### （一）个别教育的特点

#### 1. 对症下药，针对性强

罪犯之间的情况千差万别，犯罪的主观原因、客观条件、犯罪的性质、犯罪的情节、犯罪的动机、在犯罪中的地位和作用，以及年龄、性别、出身、经历、家庭、环境、性格、爱好、文化水平、职业、恶习程度、改造表现等方面，都是不同的。只有详细地研究和掌握这些不同点，才能针对他们每个人的不同情况，选择相应的教育方法，真正地解决问题。

#### 2. 方法多样，灵活性强

个别教育方法多样，可针对罪犯的实际情况，灵活选用。个别教育在时间、地点和对象的选择上具有较大的灵活性，可以随时随地、因人而异、因材施教地开展，符合罪犯的个体差异特点。个别教育还可以根据问题的轻重缓急程度区别对待，灵活掌握，分别进行，以求达到良好的教育效果。

#### 3. 情感交流，沟通性强

由于罪犯和监狱民警在法律意义上的身份和地位不同，罪犯往往容易产生对民警的疑惧心理和对立情绪。对于双方而言，这都是一个障碍，既会影响民警工作的开展，也会影响罪犯个体的改造。在个别教育过程中，双方有更多的机会直接接触，面对面地交流，双方可以摆出各自的观点，说出个人的心里话，感情能够近距离、迅速地交流。通过持续的情感交流和思想沟通，双方容易取得心理相容，这有助于稳定罪犯思想，使罪犯对民警由疑惧转为信赖，内心世界由封闭转为开放，思想由闭锁转为沟通，达到良好的教育效果。

4. 短兵相接，渗透性强

个别教育是监狱民警对罪犯开展的单独教育，是最直接的思想交锋。个别教育的内容和要求是多方面的，有面对面的说理斗争，有摆事实、讲道理的疏通引导，有耐心的规劝和严肃的警告，有表扬鼓励和批评帮助，有同罪犯直接接触中的情感交流，有生活上的体贴关怀和解决实际问题的感化。它是一项严肃的执法行为，也是一门综合性很强的艺术。开展个别教育可以做到了解情况深入，分析把握问题准确，解决问题及时正确，是从罪犯改造的实践中获取反馈信息、检验和改进工作的良好渠道；也可以增加对罪犯改造工作的透明度，增进民警与罪犯之间的心理沟通，促进罪犯的思想改造。因此，它能及时有力地作用于罪犯思想，产生良好的教育效果。特别是对那些顽危犯，运用这种方式，抓住要害，对症下药，指出问题的严重性和抗拒改造的后果，往往会使其迷途知返。这些益处充分说明个别教育比集体教育、分类教育具有更强的渗透性。

5. 精雕细琢，稳固性强

个别教育讲究精雕细琢，费时多、费力大，更符合罪犯思想转化渐进性的特点。个别教育一旦收效，就会深深地影响到罪犯的思想情感和性格特征，因此，通过个别教育，罪犯思想转变的基础比较稳定牢固，更经得起时间的检验，经过个别教育的罪犯在一定阶段内思想问题出现反复的可能性较小。

（二）个别教育的类型

1. 个别谈话

个别谈话是指民警与罪犯一对一面对面地交流，以此发现罪犯的改造问题、倾听罪犯心声、提出改造意见建议、解决改造困难。个别谈话的类型主要包括：

约谈式个别谈话。监狱民警主动与罪犯约谈，及时、全面了解罪犯思想动向、心理动向和行为表现。民警是主动方，有机会、有目的地针对罪犯实际进行谈话。根据谈话的任务和目的，约谈式个别谈话的目的主要是收集信息、表扬警诫、学习辅导、安慰问候等。

接谈式个别谈话。罪犯主动找民警谈话，民警接谈，因此谈话时民警处于被动地位，谈话目的暂不明确，谈话内容相对复杂。在掌握罪犯的目的和诉求后，民警可以转守为攻，解答问题或给予帮助。

2. 顽危犯攻坚

顽危犯是顽固犯和危险犯的总称。顽固犯是指那些一贯不服从管理、逃避学习和劳动，不遵守纪律，消极怠工，严重抗拒改造的罪犯。危险犯是指具有行凶、脱逃、报复、自杀、破坏行为或潜在危险行为动向的罪犯。做好顽危犯的教育转化工作，对于维护狱内良好的改造秩序，确保监管场所安全稳定，提高罪犯整体改造质量，具有十分重要的意义。

(1) 顽危犯的行为表现和改造特征。危险动机和不良需求决定顽危犯具有暴力性、狡诈性、突发性和纠合性等行为表现；改造过程中具有顽固性、可塑性和反复性等特征。

第一，暴力性。顽危犯存在着强烈的不良企图和仇恨心理，一旦其不良企图得不到满足，或仇恨心理爆发，往往会采取特别凶残的暴力手段。如为了脱逃对包夹人员或其他阻碍其行为的人员进行凶杀、挟持人质、报复民警或其亲属等；打架斗殴时往往心狠手辣，多表现为持凶器伤人，专打要害部位，不计后果。

第二，狡诈性。危险犯为了达到其不可告人的目的，往往善于伪装，善用花言巧语，假装积极，骗取民警的信任，以获得各种单独活动的机会，或借助担任事务犯的机会，伺机实施其不良行为。而顽固犯则是通过或欺上瞒下，奉承民警，拉拢哄骗，打击他犯以达到不良目的；或通过挑拨是非，搞假汇报，诬陷他犯等手段，扰乱民警视听，扰乱监区秩序，企图浑水摸鱼。

第三，突发性。这是指由于罪犯个人、家庭、亲属等意外事故的刺激，或其他偶然性外因的刺激而使罪犯产生危险动机或抗拒改造行为。民警处理问题不公、他犯的牢头狱霸行为等因素，都有可能刺激罪犯走上极端。

第四，纠合性。由于共同抗改的需求相同，顽危犯之间兴趣一致，情感相投，容易结成团伙。他们之间往往互相支持、共同抗改。有的煽动闹事，集体消极怠工，威胁民警，搞派系斗殴；有的伙吃伙喝，专门谈论消极的话题，回忆过去所谓的“辉煌人生”，议论如何对抗改造；有的企图逃避改造，结伙逃跑等。

第五，顽固性。顽危犯通常性格固执，态度顽固，行为顽抗，破罐子破摔，一条道走到底，不听教育和规劝。

第六，可塑性。用一分为二的观点去分析，顽危犯也有可转化的一面。只要民警引导得当，教育得法，还是有望将顽危犯向好的方向改造。如所谓的讲江湖义气可以转化为正义感；顽危犯所拥有的一定的组织能力也可以为民警所用辅助监狱管理。

第七，反复性。改造是一个漫长的过程，时好时坏是罪犯的特性，这种反复性在顽危犯群体中表现得更加突出。

（2）教育转化顽危犯应遵循的一般原则。

第一，因人施教的原则。要具体情况具体分析，其行为是主观因素还是客观因素引起的，是狱内因素还是狱外因素引起的，是家庭因素还是个人因素引起的，都要分析透彻，把握准确，才能对症下药。

第二，系统化的原则。一是各类原始材料的收集、整理、存档要有步骤、有系统；二是包夹控制、教育转化要系统地进行。即时间上的连贯性、空间上的整体性、纵向的一致性、横向的协调性，以及与民警之间的配合性都要系统地进行。

第三，冷处理的原则。对顽危犯进行教育，一定要把握好冷处理原则。很多这类罪犯的行为受其情绪的影响，容易急躁、走向极端，因此，在教育过程中，不能火上浇油，民警应尽量避免过激的言辞，待其情绪稳定后再进行教育，效果会更佳。

第四，一分为二的原则。任何人都有其闪光点。虽然他们在改造中是顽危犯，但他们可能有孝心，有较好的组织能力，有对家庭的愧疚感或一定的责任感，等等。民警在教育改造他们时要善于去发现他们身上闪光点，并恰当地加以利用。

**拓展阅读**

学习笔记

# 项目四　罪犯教育分析

## 项目知识图谱

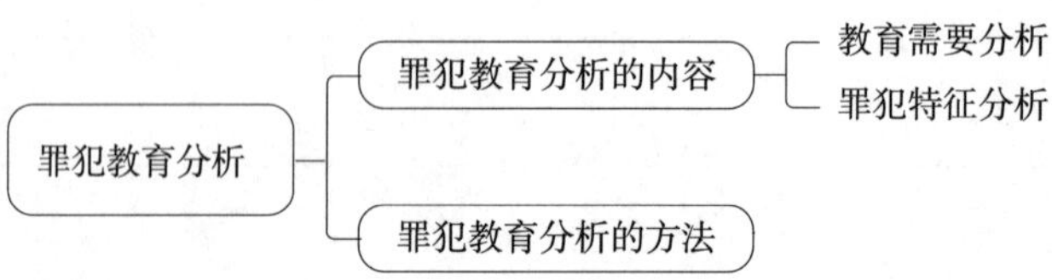


## 任务一　罪犯教育分析的内容

罪犯教育分析是罪犯教育活动开展之前的前端工作，主要包括教育需要分析和罪犯特征分析这两项内容。罪犯教育分析质量是决定后续工作（教育设计与教育实施）开展效果的关键因素。

### 一、教育需要分析

1. 外源型需要

外源型需要核心在于国家、社会、公众需要罪犯达成何种改造效果。监狱在对罪犯开展教育时，执行的是国家意志，承载的是社会意愿，守护的是公民意向——安全感。

所以，教育罪犯的主要目标是：在罪犯服刑期间，通过各种教育改造手段和方法，使其成为守法守规的服刑人员。守法守规服刑人员的基本条件是：认罪悔罪、遵守规范、认真学习、积极劳动。

认罪悔罪是指罪犯承认犯罪事实，认清犯罪危害，对自己的犯罪行为表示悔恨，服从法院判决，不无理缠诉。

遵守规范是指罪犯遵守法律、法规，遵守服刑人员基本规范、生活规范、学习规范、劳动规范、文明礼貌规范。

认真学习是指罪犯积极接受思想、文化、职业技术等教育，遵守学习纪律，学习成绩达到要求。

积极劳动是指罪犯积极参加劳动，遵守劳动纪律，服从生产管理和技术指导，掌握基本劳动技能，严格遵守操作规程，保证劳动质量，完成劳动任务。

2. 内生型需要

内生型需要的核心在于罪犯自己想要达成何种改造效果。参照马斯洛需求层次理论，结合监狱特点，以及罪犯内生需要实际状况，可以把罪犯内生型需要归纳为以下五种主要需要结构层次（如图 4-1）。

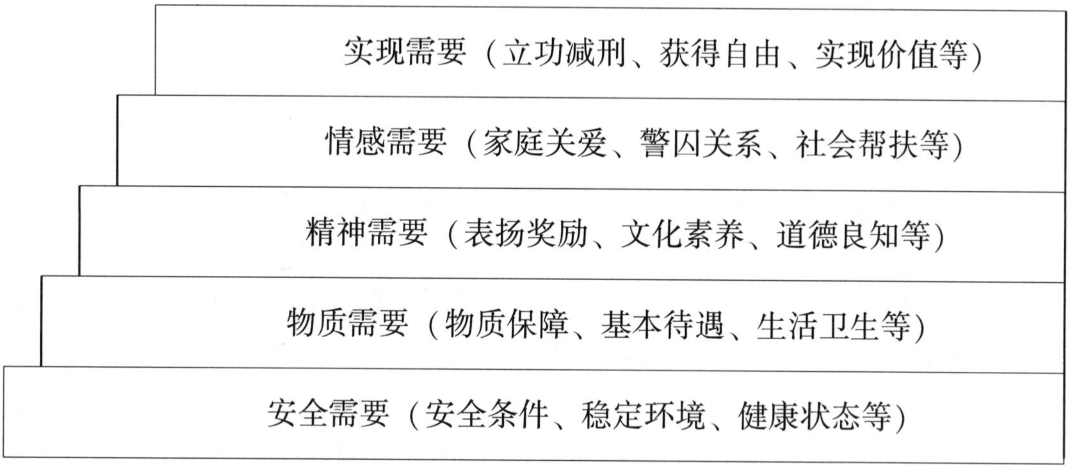


**图 4-1　罪犯内生型需要层次图**

第一层次：安全需要。这主要是指罪犯对其人身、监管、生产安全的确保的需要，主要包括：安全稳定的环境；可依赖和可信赖的安全状态，和谐安定的氛围；免受安全威胁、恐吓、不安的心境；可满足安全需要的体制、法律、秩序；安全条件及安全保护措施等。

第二层次：物质需要。这主要是指罪犯对基本物质保障、基本生活待遇的确保的需要，主要包括：基本医疗保障、卫生条件、健康状况、劳动报酬、狱内购物、狱外汇款等；必要的物质生活设施，监舍、监区等监狱物质环境；衣、食、住的基本保障等。

第三层次：精神需要。这主要是指罪犯的精神需求和精神动力的需要，主要包括：对罪犯的表扬奖励，评授荣誉称号；对罪犯的正面引导和激励；罪犯精神上的愉悦和满足；罪犯文化素质的培养，文化知识的学习；罪犯的精神道德、精神支柱、精神动力、精神安抚等；罪犯的自尊、自信、自强、荣誉感、自豪感；监区文化建设、文体活动等。

第四层次：情感需要。这主要是指罪犯对情感的依靠和寄托的需要，主要包括：家庭关爱、包容接纳，亲人的不抛弃、不放弃以及理解原谅，与家人保持沟通联系，维系情感；警囚关系融洽和谐，信任支持，教育帮助，关心关爱；社会力量的帮扶，社会环境的宽容；情感情绪的稳定，真诚感恩的心理等。

第五层次：实现需要。这主要是指罪犯对监狱改造目标及自身价值实现的需要，主要包括：通过积极改造立功减刑，获得自由，回归社会，成为自由公民，实现自身价值；掌握职业技能和本领，增强适应社会的能力；发挥自身能力和特长，实现价值，创造价值，实现人生理想和目标等。

## 二、罪犯特征分析

### （一）罪犯群体特征

反社会性是罪犯群体的普遍特征，其主要表现在：

#### 1. 错误的信念体系

罪犯的理想、信念具有以极端个人主义为核心的特征。罪犯对现存社会持极端的否定或敌视态度，接受与社会主流文化相对立的亚文化甚至反文化；不承认规定社会成员正当行为的原则（如按劳分配、尊重他人的权利和合法利益等）或者只在实现个人目的范围内承认这些原则；曲解一系列标志着道德价值概念的内容（如友谊、同志间相互帮助等）；从利己主义的个人目的出发确定价值的等级。

#### 2. 歪曲的需要结构

罪犯具有歪曲的需要结构或者需要的满足经常处于挫折状态。人的基本需要以及人的本性是“中性的”，人的破坏性以及那些恶毒或者残酷的行为是基本需要受到挫折或威胁而出现的继发性和反应性的后果。正常的需要并不构成违法犯罪行为，在正常需要受到妨碍时，谋求不正当的补偿性满足的行为就成为违法犯罪行为。另外，谋求优越（个人的名誉、地位、财产）而对他人进行侵害时，也会发生犯罪行为。罪犯的个人需要常与社会需要处于对立的状态之中，不可能在合法范围内得到满足，因而满足需要的方式具有明显的反社会倾向。

#### 3. 自我意识发展欠缺

罪犯具有不良的性格和情感特征，自我意识发展欠缺，具体表现为以自我为中心或者过于自卑；良心、同情心、羞耻感、责任感、法律意识等内在的自我价值准则很不成熟；自我控制能力缺乏。由于自我意识发展欠缺，他们往往会陷入一种“自我迷失”状态，既不清楚自己的社会定位，又难以对社会及外部环境作出正确的反应和评价，因而难以适应社会。不良的性格特征表现为高度内倾或高度外倾、冷漠孤僻、自私残暴、虚伪狡诈、贪婪无耻、爱慕虚荣、意志力差等。

4. 不良的生活方式

良好的生活方式是一个内容相当广泛的概念，它包括人们的衣、食、住、行、劳动工作、休息娱乐、社会交往、待人接物等物质生活和精神生活的价值观、道德观、审美观等，即可以理解为在一定的历史时期与社会条件下，各个民族、阶级和社会群体的生活模式。在一定的历史时期与社会条件下，生活方式违背了常理、伦理与正确的价值观、道德观、审美观，甚至与相关法律法规相左的，即是不良的生活方式。

5. 认识特征、智能因素和犯罪能力

罪犯的认识特征，是指罪犯在感觉、知觉、记忆、想象、思维等认识过程中对犯罪心理形成和犯罪行为发生的作用特征。罪犯的认识能力低，观察对象主要是畸形需要所指向的对象，其对事物及其发展规律的理解和预见带有严重的片面性和表面性；对道德、纪律、法律规范的认识普遍低下，守法意识淡薄，过高估计自己的力量，过低估计政府机关和人民群众的力量，存在侥幸心理。

犯罪智能因素就是犯罪实施所凭借的智能，包括智力发展水平、知识范围、生活经验等。国内外许多研究表明，智能低劣者的犯罪率，通常高于智能正常者，许多少年犯、成年犯的智能都低于常人。智能低劣者占比最高的犯罪是放火罪和性犯罪。但智能优异者并非不实施犯罪，只是其实施犯罪的形式不同而已。许多犯罪如诈骗罪、证券犯罪、计算机犯罪等，智能低劣者是难以实施的。由于具有思维周密、善于思考等特点，智能优异者实施犯罪时往往先有周密的计划，再千方百计消除犯罪痕迹，使犯罪行为不易被发觉。智能高低不同对犯罪确实具有不同的影响，智能低劣者容易爆发冲动性的情绪，以致造成对社会的（道德的和法律的）标准和善恶的理解发生困难，这很容易导致其犯罪，而智能优异者，多能抑制冲动和情绪的爆发，但他们往往能够周密地策划实施犯罪活动。

犯罪能力与罪犯的知识经验、技术等有密切联系，包括身体的自然力、大脑的智力、工具、技术和行为的操作能力、对环境的适应能力等。犯罪行为总是借助于犯罪能力来实施的，犯罪能力又是通过犯罪行为来表现的。犯罪能力的强弱，对犯意和犯罪决意及犯罪实施会有不同的影响。一般犯罪能力是实施任何犯罪行为的必备条件，即刑事责任能力。但犯罪行为是各种各样的，不同种类的罪行实施需要相应的特殊犯罪能力，这种能力只是实施某种犯罪行为所必备的条件。

（二）罪犯个体特征

除了罪犯个体具备的基础知识和能力、认知能力和认知结构、生理心理一般特征、学习风格和动机等特征之外，还需要重点关注罪犯个体的罪与恶。

罪，是客观层面的描述，有轻重之分。

恶，是主观层面的判断，有深浅之别。

比照犯罪构成体系相关现代理论的两阶层体系：罪，呼应的是客观违法阶层，所要认定的是行为是否具有法益侵害性：行为主体、危害行为、行为对象、危害结果、因果关系；是否存在客观阻却事由：正当防卫、紧急避险、被害人承诺等。恶，呼应的是主观有责阶层，所要评价的是行为人对该法益侵害事实是否具有主观罪过性：犯罪故意、过失、无罪过事件、事实认识错误；是否存在主观阻却事由：责任年龄、责任能力、违法认识可能性、期待可能性等。

判断是否犯罪，必须先从罪的层面讨论行为的客观违法，再从恶的层面考察行为人的主观有责，要求罪犯实施违法行为当时具有相应的责任要素，形成从客观事实认定到主观价值评价的阶层式判断，做到客观违法与主观有责相统一。

在确认存在客观违法阶层基础上，主观有责阶层是划清罪与非罪的重要标志；在客观违法阶层相同的情况下，主观有责阶层是区分此罪与彼罪的重要界限，也是影响量刑轻重的重要因素；作为刑事执行末端的矫正对象，罪犯必然具备客观违法和主观有责两个阶层，也必然存在客观违法阶层和主观有责阶层的分别差异以及由此生成的组合区别。侦查、起诉、审判等各个环节，“主观有责”一直是重要的考量因素，监禁矫正及社区矫正具体工作的开展，必须一脉相承，在矫正对象“客观违法”基础上重点关照“主观有责”并予以区别对待，方能不负“将罪犯改造成为守法公民”的目标追求，真正发挥监狱作为社会治理前端的特殊预防和一般预防作用。

学习笔记

## 任务二　罪犯教育分析的方法

人的需要就像人的指纹一样千差万别，了解和掌握罪犯的需要是有针对性做好罪犯教育激励的基础性工作。罪犯的需要形式不同、特点不同，了解和掌握罪犯需要的方法很多，主要可采取以下几种方法：

（1）全面了解法。这是指根据罪犯的性质特点，进行全方位调查了解，并进行科学的归纳分析，掌握罪犯的需要的方法。

（2）问卷调查法。这是指根据所需要了解掌握的情况，具体设计一些问题，在罪犯中进行问卷调查，掌握罪犯的需要的方法。

（3）观察行为法。这是指直接观察罪犯的行为，并通过对罪犯外在行为的分析、推测、判断，掌握罪犯的需要的方法。

（4）思想分析法。这是指定期对罪犯思想状况进行分析，掌握罪犯思想动态，通过思想变化分析，掌握罪犯的需要的方法。

（5）个别谈心法。这是指采取个别交心谈心，进行面对面的沟通了解，掌握罪犯的需要的方法。

（6）广泛访谈法。这是指通过对罪犯同宿舍、同工种、同小组等周围人员，以及家人进行广泛访谈，掌握罪犯的需要的方法。

（7）座谈讨论法。这是指通过专题座谈会、生活检讨会等，让罪犯谈认识、谈体会，提意见或建议，掌握罪犯的需要的方法。

（8）间接了解法。这是指设立罪犯意见箱、投诉箱、约谈箱等，建立多形式的罪犯诉求渠道，掌握罪犯的需要的方法。

学习笔记

# 项目五　罪犯教育设计与实施

## 项目知识图谱

## 任务一　集中点评设计与实施

### 一、集中点评的设计

集中点评的设计，类似于课堂教学的备课，是确保集中点评过程顺利度和效果实现度的重要保证。

集中点评的设计，一般可以分为三个部分，即确定主题、拟订提纲和撰写讲稿。

#### （一）确定主题

主题，是集中点评的灵魂，是点评者通过集中点评所要表达的中心思想的集中体现，贯穿集中点评全程。

在确定集中点评主题时，务必做到思想正确、态度鲜明、目标聚焦、观点深刻。

思想正确。点评的主题必须符合社会主义核心价值观，从而保证对罪犯的改造产生正向的思想引领。思想正确是集中点评的最基本要求，思想正确与否直接决定集中点评的成功与否。

态度鲜明。对于点评过程中涉及的是非、对错、美丑、真假、善恶、黑白等价值判断问题，点评者必须亮明态度，切忌模棱两可，且需要在点评过程中一以贯之，切忌前后矛盾。

目标聚焦。每次点评都要紧紧围绕一个目标展开，不求面面俱到，须做到“小题大做”，大处着眼、小处着手，以小切口进入，这样有助于点评者讲清楚大道理、罪犯听明白大道理。

观点深刻。点评主题要在事实描述和现象罗列的基础上，由表及里，入木三分，深入挖掘、梳理和总结事实、现象的特点、规律、本质等关键要素，阐明其与罪犯改造之间的内在联系，使点评不流于就事论事，产生应有的启发作用和教育意义。

（二）拟订提纲

提纲，是集中点评的骨架，是点评者表达点评主题的逻辑呈现，有助于点评者理清思路、突出重点。

总体上，集中点评可以分为总结性集中点评和动员性集中点评两大类。据此，除了常规的主题、开场白和结束语之外，两种集中点评的提纲，其差异主要体现在点评的主体部分。

总结性集中点评，主要针对罪犯改造中“已然”的情况而展开，因此在点评的主体部分，应该重点依次体现“怎么了”“为什么”“怎么办”三个核心内容。

“怎么了”主要对前一阶段状况的基本情况做一个提炼总结。

“为什么”主要对前一阶段状况的产生原因做一个归纳分析。

“怎么办”主要就下一阶段罪犯如何改进做一个要求布置。

动员性集中点评，主要针对罪犯改造中“未然”的活动而展开，因此在点评的主体部分，应该重点依次体现“为什么”“做什么”“怎么做”三个核心内容。

“为什么”主要就活动的目的和意义做一个分析强调。

“做什么”主要就活动的核心内容做一个解读告知。

“怎么做”主要就罪犯如何参与活动做一个要求布置。

（三）撰写讲稿

讲稿，是集中点评的血肉，是点评者表达点评主题的内容呈现形式。点评者应以点评提纲为基础，收集相关的素材，有针对性、详略得当地丰富内容，使集中点评变得立体、丰满，实现集中点评的预设目的。

在撰写讲稿过程中，特别要注意以下几个方面：

用语言，要文明有度。集中点评，需要通过点评者的语言表达，向罪犯传递事实陈述的“点”和原因分析的“评”，需要注意语言运用的文明有度。点评最终要通过口头表达，要注意书面语和口头语的区别，遣词造句不求华丽，在保证“听得懂”的前提下做到雅俗共赏，容易引发歧义的字词要做出解释说明。在涉及对罪犯负面表现进行陈述和分析时，不能出现情绪化、歧视性、侮辱性的语言，否则既不利于事态控制，也会造成罪犯次生的抵触甚至逆反情绪，甚至因此激化警囚矛盾，使集中点评效果事与愿违。

摆事实，要真实确凿。事实是集中点评主题的触发开关，集中点评往往因事而起。“事实胜于雄辩”，要深入罪犯改造的三大现场，收集、掌握和呈现与集中点评主题紧密相关、客观存在的现实状况，比如人物、事件、事物、现象、统计数据等，提升集中点评主题的正确性，增强集中点评的说服力。

讲道理，要客观透彻。点评者要避免出现为讲道理而讲道理甚至强行说理的情形，陷入空洞宽泛即所谓“假、大、空”的误区；要紧密围绕与集中点评紧密相关的事实，从原因、影响等多种角度入手展开针对性的分析和论证，重在引导罪犯明白其中的因果关系。

说政策，要规范准确。在点评中，涉及国家大政方针、刑事政策以及与罪犯改造相关的各种法律法规的引用和解读，点评者必须在学深悟透的基础上确保用词规范、表述准确，切忌出现常识性错误，更不能因为自己的一知半解而对罪犯产生误导。

提要求，要明确可行。提要求既是集中点评的重点所在，也是最终的落脚点。提要求，首先需要明确具体，也就是要使罪犯不仅明白自己需要做什么、怎么做，更明白不做之后与切身利益相关的后果和代价；更重要的是要求需要切实可行，所提的要求要符合罪犯的能力范围，是罪犯经过努力能够做到的。

**拓展阅读**

## 二、集中点评的实施

集中点评的准备，只为做到“万事俱备”；集中点评的实施，往往是“只欠东风”的关键环节，直接影响到准备工作是否能够，以及在多大程度上能够转化为预设中的教育效果。

集中点评的实施流程，一般分为三个步骤：①整队并清点罪犯人数。②按照事先准备的点评内容进行点评。③整队并带回。

在进行点评时，要符合口头语言和肢体语言运用的基本要求。

### （一）口头语言运用的基本要求

#### 1. 音量大小适度

音量是指点评时声音的强弱程度。在进行点评时，点评者要注意控制自己的音量，力求做到音量大小适度，将“听得懂”的集中点评书面语言转化成“听得清”的集中点评口头语言。一般说来，音量的大小应以每名罪犯都能听清为宜。对于一些重要内容、关键性词语或要特别强调的信息，要加大音量，以引起罪犯注意，加深罪犯印象。

#### 2. 语调高低有序

语调是指点评时讲话的腔调，即点评时切合点评内容，通过语音的高低起伏和升降变化，辅助语言表情达意。例如，表达热烈、坚定、果敢、豪迈、激动、愤怒等具有张力的情感时，语调较重；表达幸福、体贴、惋惜、欣慰等比较内敛的情感时，语调较轻。

#### 3. 语速快慢相宜

语速是指点评时讲话速度的快慢程度。在点评时，如果语速过快，会使罪犯听起来感到很吃力，甚至跟不上点评者的节奏，对点评内容印象不深甚至遗忘；如果语速过慢，会使罪犯容易注意力分散，甚至感到厌烦。较为理想的语速应控制在每分钟 200 字左右，同时根据点评内容，做到徐疾有致、快慢相宜，对点评中涉及的重要或要特别强调的内容，语速可适当放慢一些，以加深罪犯的印象。

#### 4. 停顿长短合理

停顿是点评时语流的暂时中断，是语句之间、层次之间、段落之间的有意间歇，其目的是集中罪犯的注意力，增强点评的节奏感。点评停顿的类型很多，常用的有以下几种：

（1）语义停顿：点评时，根据语句的含义所作的停顿。一般来说，一句话说完要有较短的停顿，一个意思说完则要有较长的停顿。

（2）暗示省略停顿：点评时，不直接表示肯定或否定，而是用停顿来暗示，让罪犯自己去判断。

（3）等待反应停顿：点评时，先说出令人感兴趣的话，然后故意停顿下来以激起罪犯的反应。

（4）强调语气停顿：点评时，每当讲到重要的内容，为了加深罪犯内心的印象所作的停顿。

#### （二）肢体语言运用的基本要求

##### 1. 姿态大方

在点评时，要做到站有站相，“站如松”，坐有坐相，“坐如钟”，不能过于放松，耸肩屈背，东倚西靠，也不能过于紧张，肢体僵硬。此外，无论身处哪个季节，都要注意遵守当季的警服着装规范，体现出应有的严谨、细致。

##### 2. 表情自然

在点评过程中，表情要跟随点评内容而相应变化。点评前，点评者务必要熟悉点评内容，做到了然于心；还需要勤加练习，并及时进行总结反思。这样才能逐渐增强点评的自信，心中不虚不怵，镇定自若方能表情自然。

##### 3. 手势得体

关于手势如何得体，没有一个固定的程式。在初学阶段，手势的运用应记住一个要点，避免两个误区。一个要点是：把手放到上半身来；两个误区是：事先设计手势，以及做类似摸鼻、抓耳等无关动作。

##### 4. 眼神自如

在点评中，点评者要调控自己的眼神。一般情况下，在点评过程中，要用目光有节奏或周期性地平视扫描全体罪犯，观察罪犯的情绪变化；在扫视过程中发现的需要特别留意的罪犯，或者点评内容涉及的相关罪犯，可以用眼神予以重点关注，等待对方眼神对接，这样能在罪犯心理层面产生极大的触动。

**拓展阅读**

学习笔记

# 任务二　课堂教学设计与实施

## 一、课堂教学的设计

课堂教学的设计，也叫“备课”，是根据教学大纲的要求，结合罪犯的具体实际，对课程教学进行合适的设计，以保证罪犯有效地进行学习。

备课的结果呈现为教学方案，简称“教案”，根据教学内容的覆盖范围大小，教学方案可以划分为课程教学方案、单元教学方案和课时教学方案。此处，课时教学方案是本任务的学习重点。

课堂教学的设计，重点需要把握五个方面，即设计内容加工、设计对象分析、设计目标设定、设计过程组织和设计方法运用。

### （一）设计内容加工

教员应认真钻研教材，熟悉教学内容，通过参阅教学大纲、研阅教材内容和查阅相关资料，经过“懂”“透”“化”三个阶段，对本课时的教学内容做出合理加工。

所谓“懂”，即通读本课时教材，理解本课时教学的内容，厘清本课时教学的逻辑，对教材内容了然于心。

所谓“透”，即提取本课时教学内容的教学重点和难点，并据此对整课时内容进行针对性的详略处理，使之成为自己的教学体系。

所谓“化”，即把本课时教学内容的思想性、科学性与自身的思想情感相互融通，合二为一。

### （二）设计对象分析

教员应全面深入了解并掌握教学对象的初始能力，即在进入本课时学习时，教学对象已经具备的有关知识和技能，以及对有关内容的认识和态度。与此同时，由于罪犯是特殊的教育对象，还需要了解和把握他们的犯罪情况（包括犯罪动机和犯罪事实）、个性特征等情况，寻找上述情况与本课时教学内容之间的联结点。

### （三）设计目标设定

教员应结合本课时的教学内容和教学对象的具体实际，合理确定本课时教学所要实现的目标，目标一般分为知识目标、能力目标和情感目标，既不能高不可攀，也不能唾手可得，要本着“跳一跳够得着”的原则，将教学目标准确地设定在罪犯的“最近发展区”。

(四) 设计过程组织

一个完整的课时，应当包含复习、新课、巩固和作业四个基本环节。复习是在新课开始前简要回顾上节课的知识要点，作为本节新课的铺垫和前奏，旨在明确两堂课内容之间的逻辑联系，时间一般控制在 5 分钟；然后讲授新课，这是课时教学的主要部分；巩固是指新课内容结束时，需要做出必要的整理总结，帮助罪犯对新课再次勾勒全景以及聚焦其中的重点、难点；最后是布置作业，让罪犯做一些与课时教学内容相关的适量练习，如答题、阅读、写作等。

(五) 设计方法运用

在现代教学理论的指导下，综合考虑课时教学的教学目标、教学内容特点、教学对象实际特点、教员自身素质、教学方法特性等因素，要对教学方法进行合理选择、优化组合、有效运用。

**拓展阅读**

## 二、课堂教学的实施

课堂教学实施过程中，一方面要把握好课堂讲授，另一方面要把握好课堂互动。

(一) 课堂讲授

1. 教态自然大方

教态是指授课者的表情动作、语言感情、精神气质等，教态必须与教材内容和教学目标相吻合，需要做到：

克服紧张情绪，保持正常情态。如果上课前心跳气急，讲第一句话时感到开口困难，授课者可以利用组织教学期间默默地进行若干次深呼吸，同时用严肃而亲切的目光扫视全体罪犯，为自己恢复正常情态合理争取时间。

保持良好仪态，以达身教之效。授课者要注意着装规范，站姿要直，坐姿要正，不要用手撑住或者用身体倚住讲台，随时用目光与罪犯进行交谈，避免随意走动。

2. 语言切实动听

语言切实动听是指教学语言具体、生动、形象，要做到：

表述正确。不能读错音、念错字，音量要适中，音色要优美，语调要自然。讲述声调要抑扬顿挫、高低缓急地变化。

语速适中。不仅要使罪犯听得清楚、舒服，还要留给罪犯回味思考的时间。教学实践表明，教学语言的速度以每分钟 90—120 个字为宜。

语词得体。选词用字以及语句的结构要正确、严密，做到易懂而不粗俗，深刻而不艰涩，既简洁有力，又清晰雅致。

切实有趣。通过讲述，授课者将抽象的道理具象化，使理论性较强的教学内容变得深入浅出，避免空泛乏味。

3. 过渡顺畅巧妙

整个课堂教学过程，由各自独立又相互联系的段、节组合在一起，需要通过巧妙的过渡使整个教学过程浑然一体、一气呵成，这样有助于罪犯思维顺利展开并延续而不至于突兀、生硬。

常用的过渡方式有以下几种：

悬念过渡。授课者设置悬念，使教学节奏突然发生变化，吸引罪犯的注意力，引发罪犯的好奇心。

启发过渡。授课者用一个动作、一句名言、一个反问，来启发罪犯思考。

联想过渡。授课者引导罪犯根据某个提示展开联想，由此及彼，将知识链接结网，提高罪犯思维的灵活性。

板书过渡。对于重点或难点之处，在 PPT 的基础上，授课者以板书的方式进行再次强调，引起罪犯的重视，加深罪犯的印象。

4. PPT 简洁美观

PPT 作为一种常用的现代教学辅助手段，能够实现以往板书所无法企及的教学效果。PPT 制作应该注意以下问题：

文字简洁。PPT 应更多地反映授课时教学的提纲，是教学重点和难点的宣示，切忌将成段的文字呈现在 PPT 页面上，以免罪犯把握失准。

背景清爽。PPT 背景以清爽素雅为宜，尽量不要用风光照，这样不仅有利于文字的呈现，更重要的是能够将罪犯的注意力集中到文字上。

链接有效。使用超链接时，要保证链接有效，避免教学过程中出现不必要的中断，影响教学的流畅性。

模板匹配。在选择 PPT 模板时，要注意与教学内容风格匹配。例如，如果教学内容与中华优秀传统文化相关，那么PPT模板就应避免选择有西方素材的。

（二）课堂互动

课堂互动是指授课者和罪犯互相交流，共同探讨，互相促进的一种教学组织形式。而课堂互动的有效性是指采取授课者和罪犯互动的教学组织形式，产生有效的结果，它包含三个方面的内容：

第一，授课者和罪犯互教互学，整个教学过程是授课者和罪犯共同开发、探讨、丰富课程，形成真正的学习共同体。

第二，授课者和罪犯间的知识、技能、情感、态度、价值观都得到充分交流，相互沟通，相互影响，相互补充。

第三，授课者和罪犯共同参与，相互作用，形成合力，提高课堂效率，实现教学效果的最优化，创造性地实现教学目标。

课堂互动是有效的教学形式，有效的课堂互动，有“两个前提、三个办法”。

1. 两个前提

（1）创设民主教学氛围。

授课者转变自己的角色，使罪犯在平等的基础上消除原有的畏惧心理，打开紧闭的心扉，罪犯学习的积极性和创造性就能得到极大的发挥，师生就能互动起来，互动的有效性就有了可靠的保障。

（2）设立预期的目标。

教学互动是为了解决问题——达到预期目标。从教学内容出发，从罪犯实际出发，设立合理的预期目标，课堂互动就不会只流于形式，它能使互动过程有序化，使罪犯在互动的过程中发展自己、提升自己，增强课堂互动的有效性。

2. 三个办法

（1）设置高质量的问题。

为使所提的问题能够开启罪犯的思维、有利于其思维的创新，就必须是经过认真思考与反复地探讨才能解决的问题；所提的问题要紧扣教学内容，要紧贴罪犯实际，要有较强的针对性；所提的问题最好能够成体系，拾级而上，由易到难，由浅到深，由简单到复杂。

（2）教学形式多样化。

在课堂教学过程中，不能总是采用一种教学形式，这样可能会使学生感到没有新鲜感，提不起学习的兴趣。在设计课堂教学时，应利用各种教学方式方法，使教学过程形象、生动。教学形式多样化，能使罪犯始终保持新鲜感，从而能够进行良好的课堂互动，极大地降低罪犯抵触心理和厌倦感。

（3）教学解读多样化。

在不存在原则性问题的前提下，应尊重罪犯对教学内容的个性解读，答案可能不一样，只要能自圆其说、言之有理就可，可以给出“参考答案”，切不可搞所谓的“标准答案”。

**拓展阅读**

学习笔记

## 任务三 个别教育设计与实施

### 一、个别谈话的设计与实施

#### （一）个别谈话的设计

1. 充分了解谈话对象

谈话要成功，达到鼓励、说服、批评等不同的教育目的与效果，就应将了解和熟悉自己的谈话对象作为抓准问题的实质、有的放矢、对症下药的前提，这也是对谈话教育的一项基本要求。其主要内容包括谈话对象的基本情况、改造表现、事件经过、反常诱因、主要目的动机、性格特点、人际交往、兴趣爱好、弱点软肋等方面。

2. 注重研究分析并选择恰当时机

为保证谈话能顺利进行，民警需通过深入研究罪犯的现实态度及表现，探寻罪犯心理变化的轨迹，以此确定谈话的主题，思考切入的方式，并预测谈话中可能出现的各种情形，考虑调整应对的办法，尽量避免罪犯抵触、防御或恐惧心理现象的出现。同时要注重选择谈话的时机，以防谈话早了，罪犯听不进，造成僵局；谈话晚了，成为“马后炮”，于事无补。

3. 构思谈话中如何去体现对罪犯的尊重信任

无论是表扬谈话、鼓励谈话、说服谈话还是批评谈话等，民警都要特别注意尊重和信任罪犯，尤其是在说服、批评谈话中。谈话是谈问题、通思想的过程，也是尊重和相信罪犯的过程，但绝不是民警撒气的过程。这是众多成功案例的要诀之一。具体体现为尊重罪犯的个性、情感、兴趣、自尊心和人格等方面，并将之作为民警谈话前必须做足的一门功课。

4. 选择合适的谈话策略

谈话中，怎样避免“对牛弹琴”，一直是监狱方面在开展谈话教育时所关注的问题，也始终被作为一个策略性思考在对待。谈话策略共有 7 种情形的应对方法：

（1）“与智者言，依于博。”这句话意味着跟聪明有智慧的罪犯交谈，要靠民警渊博的知识。为此，要打破警队界限，在全监区选拔见多识广、知识面宽的民警，邀请监狱领导或机关能手，以独到的见解和智慧来说服教育有“才智”的罪犯，从而达到克敌制胜的目的。此类罪犯往往刚愎自用，常常因一些无法释怀的坚持而死钻牛角尖。因此，着力点是让此类罪犯学会给自己的心灵松绑，懂得摆脱不了生活中遇到的各种烦恼、烦恼就会如影相随地伴随在自己左右、让生活成为一副重重的担子的道理。帮助他们明白试着给自己开启一扇窗，自然也就能看到更完整的天空。

（2）“与拙者言，依于辨。”辨同辩。这是指跟那些理解能力差和头脑反应迟钝的罪犯进行个别谈话教育时，要靠善辩取胜。“拙者”对教育内容的理解，往往需要一段时间的认识过程。此时需要有耐心的民警，采取深入浅出的方法，以通俗易懂的语言多加解释，细致深入地讲透道理，因势利导地教育罪犯。民警通常采取转移、分散、弱化、体谅、解脱、升华、抵消、利用、表达等方式来系统地进行帮教，以干预罪犯的注意力、消除缠绕的烦恼、帮助罪犯学会正确面对并妥善处理问题的方法。

（3）“与辩者言，依于要。”意思是对能言善辩的罪犯进行个别谈话教育时，做到简明扼要。“辩者”，本身善于言谈，有的甚至爱诡辩。教育时，要选派口才好、应变力强的民警抓住个别谈话教育的核心，把握要点，逻辑严密，观点鲜明，不绕“弯弯”地直言相见，避免让罪犯牵着鼻子走。通常民警可以从对方软肋处选定话题，抓住漏洞迅速突破。随后再围绕以下几个方面展开启发诱导：不要试图给自己找任何借口，错误面前没人爱听那些废话；别低估他人，你远没有自己想象中的那么强，别死撑硬扛让自己活得很累；收敛自己的脾气，学会控制自己的情绪，谁都不欠你，所以没有道理跟别人随便发脾气，要性子；学会思考，头脑清醒，明白自己的渺小，切忌自我陶醉，凡事不要强出头，否则枪打出头鸟，谁都帮不了你；学会放弃，拽得越紧，痛苦的是自己等。

（4）“与过者言，依于锐。”换言之，就是跟那些变化无常的罪犯进行个别谈话教育时，要依靠敏锐。“过者”，华而不实，喜欢东拉西扯，前言不搭后语。教育此类罪犯，要让思路敏捷，反应迅速的民警灵活地把握个别谈话的教育重心，不给罪犯留转移话题的机会，且一旦谈妥，还要在“钉子回脚”上下功夫。例如，郑重地告诫罪犯：你的说辞游移不定，说明你是一个心无定所、缺乏目标而胆怯的人，你的掩饰除了迎合你那虚假的自尊外，在躲躲闪闪中错过的恰恰是你真正想要得到的东西；说南道北，不着边际，本身就说明你理屈词穷站不住脚，纵是无谓抗争也是徒劳。借此打断罪犯的表演，主导后续教育的切入。涉及话题有：敢于担当，才有赢的可能；做一个简单的人，踏实而务实，不沉溺幻想，不庸人自扰，学会忍耐和坚持；学会听取他人好的意见或建议，更多时候才不会让自己“受伤”；心动更要行动；当困难来临时，用微笑去面对，用正确的办法去解决等。

（5）“与贵者言，依于势。”意思是跟以前有一定地位的人交谈，要依靠气势。“贵者”，在此指入监前曾有权或有势的罪犯，他们往往仍有一种高傲感，说话时喜欢居高临下。因此。针对这类罪犯，民警如果唯唯诺诺、毕恭毕敬、小心翼翼，那么个别谈话教育就会失去实际的效果。为此，要挑选不卑不亢，言谈举止落落大方的民警，以委婉含蓄的措辞，据理而辩，促使罪犯口服心服。谈话内容主要围绕心态决定人生、适时放弃才会有收获、平常心不可少、把服刑看成是磨炼、做人要能方能圆及活在当下，别在怀念过去或憧憬未来中失掉你眼前的目标等方面展开。

（6）“与贱者言，依于谦。”其含义是跟地位低的人交谈，要依靠谦虚。“贱者”，在此指有自卑感，处事谨慎小心的罪犯。在罪犯个别谈话教育中，谈话民警要注意在动之以情、晓之以理、导之以行、教之以诚上下功夫，以期收到事半功倍的效果；着重进行自信才能赢、别把挫折当失败、避免烦恼成心病、做情绪的主人等方面的诱导开导。

（7）“与勇者言，依于敢。”意思是跟勇敢的人交谈，要依靠果敢、铿锵的气质。“勇”之罪犯，最瞧不起的是懦夫和优柔寡断的人。为此，要挑选阳刚、干练的民警以坚定果断的语气、简洁的语言、明快的行事风格教育罪犯，谈话内容重点围绕做人不要太狂妄、不要把话说得太绝对、不要把赌注押在某个人或某件事上、生气不如争气、宽容是一种美德、任何时候做事都要留有余地等方面展开。

### （二）个别谈话的实施

个别谈话要想取得实效，关键点在于消除罪犯的戒备心理，调动罪犯参与谈话的积极性。消除谈话对象的防卫心理，让其打开话匣子，拉近彼此间的心理距离，获取谈话对象的认同和好感是谈话成功的前提。

故此，在个别谈话实施过程中，要讲求谈话的技巧和艺术。

#### 1．营造谈话气氛

谈话是民警从罪犯改造的实际出发，对其进行的最直接的、最具体、最有针对性的教育。但是，要使谈话圆满成功，需要创造一个良好的谈话气氛，良好的谈话氛围既能使谈话主题不断深入，又能让罪犯处于一种精神松弛的状态，这样才有利于让谈话对象接受教育。相反，正襟危坐，只能令罪犯如坐针毡，勉强应付，迫切希望谈话早点结束。我们的具体做法是：一开始适当寒暄，不一开口就奔“正题”，以免给罪犯留下“无事不登三宝殿”的印象。民警往往是从平淡处开口，而不是冒昧提出太深或太特别的话题；大多是从拉家常或从当时的环境找寻话题，待气氛融洽后，再“言归正传”。当然，要使寒暄自然而然地转入“正题”，要尤其注重两点：一是避免谈民警自己不完全了解的事情。一知半解、似懂非懂、稀里糊涂地说一遍，不仅不会给罪犯带来什么益处，反而给罪犯留下虚浮的坏印象。二是避免谈民警不感兴趣的内容。如果民警自己对所谈的内容都不感兴趣，怎能期望罪犯打开心扉呢？

2. 谈话中始终注意礼貌

民警在谈话中要做到：其一，态度诚恳，亲切。不虚情假意、言不由衷、搞“外交辞令”，否则就会出现“话不投机半句多”的局面。其二，声音大小适当，语调平和沉稳。不与罪犯一谈话，就加大嗓门或者随意添加如“啊”“呵”“嗯”等语气词，令罪犯感到不自在，这样使谈话难以深入。民警有理不在声高，音量让罪犯听清即可，而语气、语调则要求尽可能地平和沉稳，尽量不用或者少用语气词，要让罪犯感到亲切、自然。其三，谈话时神态专注。民警要正视罪犯，认真倾听，切忌东张西望，似听非听，甚至自顾处理一些与谈话无关的事情，否则易让罪犯产生被轻视的感受，难以得到好的效果。

3. 善于把“独白”变成“交谈”

谈话是通过语言互相交换思想的过程，而不是单方发表演说，否则就达不到理想的谈话效果和实现教育的目的。首先，民警必须有平等的谈话态度，不能居高临下、以不容置疑的口吻说话，给罪犯留下自以为是、高人一等的印象而破坏谈话气氛。其次，恰当设计提问引导罪犯谈话，在谈话中注意留给罪犯说话和插话的余地，不唱独角戏。再次，要留心听罪犯谈话。从中可寻找适当话题，鼓励罪犯说下去；还能加深对罪犯的理解和判断，并在此基础上，决定该怎么做和怎样教育罪犯。民警要牢记，通过引导，罪犯自己求索得出的结论才是最好的结论。

4. 掌握谈话“分寸”

民警要注意自己说话不失“分寸”，并从以下五个方面去引导和着力：其一，认清自己的身份，不吹嘘。民警是代表政府和法律在履行职权，是真善美的化身。对罪犯来说，民警的语言衬托了民警在其心中的形象，进而决定罪犯的对民警尊重与否。如果无所顾忌地自吹自擂，只会起到适得其反的效果。其二，适当考虑措辞，不生硬。谈话有诀窍，民警不能随心所欲。当然，谈话不是写文章，不可能斟句酌字来进行推敲，但在一句话将说出口之前，还是应该经过主观上的一番考虑。如果措辞太生硬，就会影响谈话的效果。其三，用语尽量客观，不“过头”。谈话时切忌夸大其词，这样难免令罪犯产生一种鄙夷心理，认为民警干部说话不着边际。例如，有的民警对罪犯的要求，无论是正当的还是非分的，好办的还是难办的，办得了的还是办不了的，都随意表示“没问题”“你放心”“一定办”；还有的民警喜欢对其他罪犯妄加评论等。像这样信口开河的谈话习惯，易导致发生意想不到的事情。其四，表善意，不伤人。与罪犯谈话的目的，在许多情况下是希望罪犯了解自己的思想和感情，并接受教育。因此，只要这个目的能够达到，就没必要使用一些过头话、刺耳话。其五，先思后言，不泄密。与罪犯谈话时，有些事情对他们是保密的，必须得先思后言。因此，民警要对自己设置“警界线”，以免失态；还要对谈话内容有所准备，不贸然进行。

5. 讲求谈话艺术

一句话可以把人说笑，也可以把人说“跳”。具有艺术性的谈话，有助于谈话教育顺利进行，也可应付意外情况，避免发生尴尬僵持的局面；同时，有助于缓和气氛，调节气氛，增强效果。谈话讲求艺术的方法是：语言得体，即注意谈话的背景、场合和气氛。例如，民警在不同性别、年龄、犯罪经历、犯罪类型、改造态度及性格、气质、修养的罪犯面前，说话的语气、语调要有所不同。在正式与非正式，犯群与单独场合，谈话方式要有所区别，努力做到说话得体。同时注意把握谈话的气氛，如与顽危犯尖子等谈话，不能随随便便，无所顾忌；与老犯谈话不讲令其忌讳的话；过年过节、喜庆日子不对罪犯进行批评式谈话；在罪犯碰到伤心事时，说些慰藉、开导的话语。

6. 谈话紧扣主题

民警与罪犯谈话，不要节外生枝，不要只谈民警自己感兴趣的事。开口时，自觉地讲一些能引起罪犯兴趣的事情，避免可能引起不良效果的话题。尽量避免谈及罪犯的难言之隐，若不得已需要提及时，尽量注意婉转、含蓄。与罪犯交谈时通情达理，感情真挚深厚会增加信任感，引起心灵共鸣；反之就会引起戒备心理。“高谈阔论”、千篇一律也是诚意不够的表现，结果只能适得其反。还要注重真诚地、恰如其分地赞美罪犯的闪光点，这样可以增进彼此间的亲近感，拉近双方的心理距离，使教育深入其心。此外，赞美重真诚，要出自内心，且注意场合和对象，不能言过其实，以免反感。遇窘善幽默。民警也不是十全十美的，会有弱点，也会碰到一些由言语造成的困境和尴尬。当谈话中发生矛盾时，缺少幽默感的民警会感到紧张和不自在，甚至导致不良后果；

而幽默者却能使一切变得轻松而自然。为此，民警要学会用风趣、幽默、不打“官腔”的语言缓解彼此间的紧张感，并赢得罪犯的敬佩和信任，切忌使用讽刺、挖苦的语言。

**拓展阅读**

## 二、个案矫治的设计与实施

个案矫治是指基于刑事个别化原则，监狱根据罪犯本身的具体情况，设计个性化的教育矫治方案，采用针对性的教育、调适、治疗和干预措施，并对实际效果进行评估、优化，以达到特定矫治目的的专门活动。个别谈话更具有经验性、灵活性，个案矫治则更具系统性、科学性。

个案矫治的工作流程主要包括：

犯情分析。民警通过查阅档案、问卷调查、个别谈话、心理测验、信件物品和会见录音检查等途径掌握犯情，并从犯罪原因、改造突破口、犯情预测等方面进行个案犯情分析，找出罪犯改造中的侧重点，确定适合罪犯的教育方法，为拟定个案矫治方案提供依据。

制定矫治方案。在犯情分析的基础上，民警和罪犯共同制定个案矫治方案，方案主要包括犯因分析、矫治目标、实施步骤等。方案要大处着眼、小处着手，要考虑可行性和可操作性。

矫治实施。这是指按照矫治方案中的具体方法和步骤，落实具体的矫治举措。个案矫治的实施方法主要有个案教育、环境调适、心理治疗、危机干预等。

矫治评估。这是指对个案矫治的过程和结果进行总结分析和评价，提出下一步的改造建议。

### （一）罪犯唐某某的个案矫治

【罪犯基本情况】

罪犯唐某某，男，1985 年 12 月 25 日出生，汉族，农民，小学文化，广西壮族自治区桂林市全州县石塘镇人。2016 年 7 月至 2018 年 5 月在全州县流窜盗窃9次，盗窃被害人财物共计18 560余元。全州县人民法院判处其有期徒刑2年10个月，于2018年10月11日投到广西壮族自治区桂中监狱服刑改造。

【罪犯教育改造方案的制定和实施】

1. 个人成长史分析

（1）成长因素：罪犯唐某某性格固执、行为懒散、情绪不稳定、易激动，斤斤计较，改造态度不端正。

（2）社会因素：唐某某小学没有毕业就辍学，一直没有稳定工作，也无其他技术特长，在工厂打零工，收入很低，经常入不敷出，频繁更换工作，逐渐养成好逸恶劳的习惯。

（3）家庭因素：唐某某出生于普通农民家庭，自小受父母教育有限，相互沟通少。唐某某本人文化程度低，法治观念淡薄，经常与村里的小混混在一起偷盗、打架、欺负他人，不良习气较重，好逸恶劳，逐渐走上了违法犯罪的道路。

（4）其他因素：唐某某法律意识淡薄，遵守监规纪律的主动性和行为养成较差，劳动积极性不够，消极怠工情况严重，思想较为顽固。

2. 服刑期间改造表现

唐某某自2018年10月11日投入十监区服刑改造后，思想一直不稳定，不认罪服法，囚犯意识差，消极改造，无理缠诉，屡犯监规；消极怠工，经常不能完成劳动任务，抱着“过一天是一天”的消极改造心态，以各种借口逃避劳动改造；并且无视监规纪律，对警官的教育置若罔闻，接受教育态度差。此外，唐某某经常与同犯发生争吵，性格易冲动，遇事不冷静，甚至动手殴打其他罪犯，其改造态度极不端正。

3. 心理测试结果

中国罪犯心理评估个性分测验（COPA-PI）：唐某某有轻微的变态心理倾向；其思维程度轻微，牵扯面较窄，拥有典型的罪犯思维模式，拥有如唯利是图、自私自利、侥幸心理、胆大妄为、不择手段、虚假不诚、自律不严等心理。心理认知行为综合量表（XRX）测试结果显示，唐某某偏执状况（PZ）、暴力倾向性行为（BL）等项目均为正数且分值较高；人身危险性检测表（RW）测试结果表明，唐某某危险系数较高且相对稳定。

（1）心理症状：情绪不稳定，有轻度焦虑症状，社会适应性很差，有较严重的偏执症状。

（2）认知水平：文化水平低，责任感不强，缺乏对法律正确的认同感和自我认识，意志力薄弱，对改造没有信心。

（3）行为倾向：有轻度暴力行为倾向。

（4）个性人格：明显缺乏同情心，情绪起伏不定，戒备心较强，不相信别人，有强烈的自卑感、焦虑感。

4. 改造中的难点问题

（1）认知因素：唐某某由于文化水平较低，受其家庭与社会环境不良因素的影响，认为社会冷漠、不公平、法律无情，所以其对社会存在不满情绪，并将不满和积怨转移到民警身上。其从小缺失父母的关心，道德修养差，过早进入社会，恶习较深。

（2）心理因素：心胸狭窄，做事易冲动、莽撞、自信心严重不足，不相信别人，容易与人发生冲突。

（3）改造行为：好逸恶劳，认为减刑无望，消极怠工，不积极参加劳动，行为养成较差。

5. 矫治方案

根据唐某某的成长史、改造表现、测试量表结果及存在难点问题，对症下药，采取切实可行的矫治措施，制定如下矫治方案。

第一阶段（2019 年 3 月至 2019 年 6 月）：

进行法律法规、监规纪律和政策性教育，改变其错误的认知思维。一是安排具有心理咨询师资格的民警对其进行了解，主要从其基本情况、家庭状况、社会背景、兴趣爱好入手，摸清其存在的心理障碍，寻找弱点，着重心理疏导教育和跟踪观察，并利用课堂教育和个别教育为辅助教育手段，有针对性地进行疏导教育。二是分析其犯罪根源，跟踪了解其服刑改造表现，与同犯相处、行为养成、自身问题等情况。

经过多次耐心细致的引导，唐某某对自身存在的问题有了一定反省，对法律法规、监规纪律有了一定认识，思想有了较大转变。

第二阶段（2019 年 6 月至 2019 年 9 月）：

矫正偏执、懒散心理，增强改造积极性。分监区根据唐某某偏执、懒散的心理特点及自我放任、破罐子破摔的行为表现，有意识地肯定他的存在价值，激励其积极参与改造。并且帮助他找到偏执、懒散的源头，转变消极的人生观和价值观，改变其看待事物的偏执态度，从而对生活和改造进行重新定义，树立积极改造信心。唐某某只有小学文化，也没有什么技术特长，所在分监区是服装加工车间，属于技术型劳作，故其连续几个月都没有完成定额劳动任务，加之其性格偏执、懒散，且与人交流少，对掌握劳动技能没有信心而自暴自弃，也不怕欠产被扣分。民警了解到其心理状况，利用阳性强化法激励的方式，及时发现他值得肯定的方面，鼓励其转变消极态度，肯定其成绩。同时民警把表现较好的罪犯与他编为一个互监组，并结成互帮互助对子，积极引导和监督。

通过一系列的鼓励措施，唐某某开始努力完成生产任务，并主动与他犯交流，对改造也产生了一些积极的看法，认为自己可以成为一个对社会有用的人，建立起了比较积极的人生态度。

第三阶段（2019 年 9 月至 2019 年 12 月）：

矫治恶习，提高行为养成。一是合理安排适合唐某某的劳动工种，帮助其树立正确的劳动观。二是定好劳动任务，由所在的分监区根据其自身实际情况，下达劳动任务，跟进观察劳动进度完成情况，对存在质量问题或者难以完成任务的原因及时寻找根源并反馈。三是结成“一帮一”互助小组，促使其积极投入劳动改造。

承包警察和分监区领导平时多关注唐某某的改造表现，纠正不良行为，多鼓励和表扬，让唐某某感受到了警察和同犯对他的关爱，改善了人际关系，建立信任感，争取得到别人的理解与接纳。此外，唐某某不断接受文化教育，学习法律法规和监规纪律，提高了行为养成。

第四阶段（2019 年 12 月至 2020 年 3 月）：

稳定成果，加速转化。通过前面 3 个阶段的思想教育和行为指导后，唐某某服刑改造态度有了质的转变，在思想上、行动上都能积极地向政府靠拢，服从管理，遵守监规纪律，认真学习技能，端正劳动态度，积极进行改造。但这离教转要求还有一定的差距，需继续强化教转力度，巩固教转成果。根据唐某某的实际改造情况，监区民警顺势而上，持续加强跟踪引导和教育。一是不断地引导其从被动改造转变为主动自觉改造。在劳动上取得较大进步和成绩后，其存在的懒惰、畏难等心理逐渐消除，同时唐某某也能很好地融入罪犯群体中沟通交流。二是实时跟踪，适当干预。在唐某某取得一定进步后，民警持续加强对唐某某的关心，对其做得好的方面予以表扬、褒奖，对尚未做到的方面予以鼓励、鞭策。同时，发挥联保互监作用，实时掌握改造动态，建立专项跟踪材料，及时反馈，适当进行管控和干预。

6. 预期矫治目标

（1）帮助树立信心，加强个人修养和自省，学会尊重他人，获取更多帮助和支持。

（2）矫治好逸恶劳等恶习，教育、引导唐某某树立正确的价值观、人生观，养成爱学习、爱劳动的习惯。

（3）引导唐某某在遇到困难和麻烦时，能控制情绪，冷静应对，及时汇报，并在监区心理咨询师的帮助下，保护自己、尊重他人、诚心改造、早获新生。

【教育改造成效】

该矫正方案具有针对性和实效性，在监区领导和“三包”民警的共同努力下，矫正效果从无到有，逐渐向好的方面发展，特别是在行为规范方面收效明显。例如，唐某某能尊重警官、遵守监规纪律，改变了一些陋习、恶习，也能积极参加到生产劳动中去。鉴于唐某某的改造表现较好，2020 年 8 月，监区已向监狱呈报解除其顽固犯的申请。虽已呈报解除其顽固犯的认定，但监区民警没有放弃后期的跟踪教育。通过民警的教育，唐某某从思想上彻底认识到只有积极改造，向政府靠拢才是唯一的出路，2020 年以后，唐某某未有一起违纪违规现象发生，生产劳动上也有较大进步，能较好地处理与他犯之间的人际关系，更快地重获新生。

这个案例带来的启示是：首先，从事罪犯个别教育矫治工作，罪犯的种种异常表现，源于其自身复杂的社会背景、坎坷的成长经历、缺失的教育，他们受到更多的是社会的负面影响，缺少家庭温暖和关爱等，才导致其后天出现人格缺失，性格异于常人，心理问题突出等诸多问题。针对罪犯本质问题，民警首先要做的就是与罪犯建立良好的沟通关系，打破隔阂与壁垒，缓解对立局面。通过开展个别谈话教育，了解罪犯心理活动、成长经历，走入罪犯内心，以关心、理解、尊重、信任的态度去激发罪犯的内在动力，消除其抗拒、敌对心理，为找到教育转化的突破口创造条件。其次，转化罪犯要充分了解掌握罪犯个别情况，根据其人生经历、改造状态，制定合理的矫正措施。转化罪犯的关键是要让罪犯在改造中不断看得到希望，并且要有所收获，从而进一步树立起改造的信心，形成长期的改造目标。最后，在教育转化中要始终做到坚持不懈、持之以恒，有信心和决心。教育手段和方法上要制定改造策略和措施，做到遵循改造规律，具体问题具体分析，运用科学的理论和方法因材施教，多措并举，循序渐进地促进其转化，最终达到让罪犯弃恶从善的目的。

### （二）罪犯张某某的个案矫治

【罪犯基本情况】

罪犯张某某，男，1971 年 7 月出生，未婚，小学文化，贵州省人。1997 年 3 月，被害人陈某某的弟弟与张某某发生抓打后，陈某某与其弟弟一起到张某某家中进行打砸，张某某遂用杀猪刀将陈某某杀伤致死。2003 年 5 月，张某某被贵州省毕节市人民法院以故意杀人罪判处无期徒刑，同年 11 月 6 日入贵州省毕节监狱改造。2006 年 5 月 17 日减为有期徒刑 19 年后，因患病致双下肢不能行走，张某某的心理逐步扭曲，自杀倾向突出，监狱将其列为危险犯进行管控。

【罪犯教育改造方案的制定和实施】

1. 犯因分析

（1）成长过程。张某某生活在农村，父母文化水平不高，对张某某的教育方式简单粗暴，母亲蛮横不讲理、泼辣，时常与邻居发生口角是非，与周围邻居关系紧张。张某某受母亲影响，性格倔强，不讲理，遇事钻牛角尖，无担当意识，法纪意识淡薄。

（2）社会经历。张某某小学毕业后在家务农，但长期好吃懒做，不务正业，常有小偷小摸行为，并与社会闲散人员交往密切，周围邻居多避而远之。

2. 入监改造表现

于 2006 年 5 月减为有期徒刑 19 年后，张某某因患病致双下肢不能行走，其心理逐步扭曲，不服从管教，仇视监狱和民警，仇视社会，多次违规违纪，经常与护理犯发生矛盾，并有砸坏窗户玻璃、乱喊乱叫、辱骂民警、在监室内大小便等破坏监管秩序的行为，民警屡次教育后仍然无效，监狱一直将张某某列为危险犯进行教育转化，但收效甚微，因此自减为有期徒刑后一直未再获得过减刑。

2019 年 9 月张某某为逃避辱骂民警而将受到的处罚，吞食异物；同年 10 月 7 日至 10 月 10 日绝食。2019 年 11 月偷偷写下遗书，在家人来会见时，张某某对家人说“如果我出什么事来找监狱”，表现出自杀倾向。经民警收集相关资料，张某某存在以上问题的原因主要有：

（1）身体原因。张某某在服刑期间，因患病双下肢致残不能行走，对生活失去信心，对未来悲观失望。

（2）性格原因。张某某长期生活在母亲与邻里关系紧张的氛围中，形成了不讲道理，遇事爱钻牛角尖，偏执、暴躁的性格特征。

（3）改造原因。张某某双下肢不能行走后，经治疗一直未恢复功能，心理负担较重，因无法完成改造任务未获得成绩而不能减刑，负面情绪长期积压。

3. 心理行为表现

张某某情绪不稳定，性格暴躁、偏执，眼里容不得半点沙子，说话尖酸刻薄，报复心较强，遇事冲动，戒备心较强，有较明显的变态心理倾向（COPA-PI 测评显示：情绪稳定性得分为 59 分、报复性得分 58 分、冲动性得分为 53 分、信任感得分 63 分、变态心理倾向得分 62 分）。

张某某认为民警的正常管理是针对自己，故意让护理犯折磨自己，就是要把自己“整死”，偏执地认为自己会死在监狱，与其如此，不如自己想办法了结自己。加之张某某与民警、其他罪犯关系紧张，无沟通和宣泄渠道，认为社会不公平，司法机关是保护坏人、惩罚像自己这样好人的“反面角色”，监狱管理不公平，自己的权利没有得到保障。

4. 教育矫治的难点

（1）认知因素。张某某自认为患病导致残疾是“监狱害的”，护理犯是民警派来折磨自己的，认为监狱不公平，自己的权利没有得到保障。

（2）性格因素。张某某性格偏执、暴躁，思想极端，报复心较重，容易与其他罪犯发生矛盾。

（3）心理因素。张某某戒备心理较强，容易钻牛角尖、走极端，较难建立良好的矫治关系，参与矫治活动意愿不强，矫治难度较大。

5. 个别化矫治方案的制定和实施

监狱组织相关业务科室和监区组成个别化矫治小组，召开专题研讨会议，会议明确由狱政、狱侦部门配合监区加强对张某某的包夹管控，防止其实施自杀和其他破坏监管秩序的行为，监狱医院对其疾病积极进行治疗，监区为其营造良好改造氛围，教育改造部门对其进行教育疏导和心理干预。矫治小组综合收集了有关张某某的资料，认真分析其危险原因，梳理矫治难点，确定矫治目标，有针对性地制定了“三面支持”个别化矫治方案。

（1）亲情面支持，激发改造希望。在对张某某进行心理干预过程中，张某某提出请民警帮忙转交一份申请到教育改造科，内容是请民警给其照一张照片，寄给母亲。民警在和张某某进一步交流中，发现其对母亲较为牵挂，民警将这一信息反馈给矫治小组，小组决定对其进行一次外延帮教，利用其对母亲的情感找到矫治的突破口。

矫治小组民警为张某某录制了视频，并拍了照片，到张某某家中进行走访，将张某某的身体、思想、改造情况告知其母亲和哥哥。同时，矫治小组民警将张母和哥哥对张某某的嘱咐录制成视频，当张某某在视频中看到母亲时，倾刻流泪，哭泣至视频结束。张某某说："自从犯罪以来，差不多20年没见过母亲，家里偶尔来会见，只说母亲很好，自己怀疑母亲已经不在人世了，今天看到母亲健在，心里的一块石头终于落地了，感谢警官们为我做的一切。"民警顺势对张某某说："看得出来你是一个孝顺的人，在监狱服刑可能会觉得无法孝敬自己的父母，其实好好生活，努力改造，不让父母操心也是一种孝敬父母的方式，你母亲80多岁了，身体不是太好，我想她最大的心愿是等你回去亲自看你一眼，让你给她送终，如果你不努力，恐怕没有这个机会了，你这一辈子都会活在内疚中。"张某某表示一定记住母亲和哥哥的叮嘱，不让母亲失望。民警顺势推动，要求张某某改变目前状况，鼓励其积极改造，树立改造希望。

（2）服刑面支持，增强改造信心。在激发了张某某的改造希望后，为了让其能顺利回归改造轨道，矫治小组采取了一系列措施，为其提供服刑支持。一是营造良好的改造环境。监区将张某某调到了另一个分监区，安排与其聊得来的罪犯进行护理，改变张某某人际关系紧张、无人护理的困境，给其营造一个较好的改造环境。二是邀请三甲医院专家到监狱为张某某进行会诊，就其双下肢是否能恢复行走功能给出了明确的诊断结果，当张某某得知其双下肢肌肉没有萎缩，加强锻炼，仍有恢复可能时，其激动地对民警连声道谢。三是监区给张某某买了轮椅，让其行动更方便，同时还给张某某配了康复用的拐杖，要求其每天早、中、晚分别抽出一定的时间进行康复训练，值班民警对其进行监督，并鼓励其坚持不要放弃。

通过以上措施，张某某逐步建立起改造信心，对生活的希望开始萌芽，基本消除了自杀的想法，能与民警正常沟通，并主动承诺一定踏踏实实改造。

（3）心理面支持，实现自我成长。一是真诚接纳，建立关系。为取得张某某信任，民警用了很长时间，刚开始找张某某谈话时，其对民警说："我知道你带了录音笔，但我说的话不怕你传到监狱领导的耳朵里。"之后他对民警说社会如何不公平，监狱的管理如何不人道，自己的双下肢不能走路，都是民警管理不公的结果，并坚称自己没有心理问题。对此，民警首先对其敢作敢当的态度表示肯定，其次对其叙述未做对错评论，只是说"每个人的想法和他的经历有关"，最后给张某某承诺不会将今天的谈话内容上报。第二次干预，张某某提出请民警向教育改造科转交其照相的申请。当民警和其他矫治小组成员到监区给张某某录视频和照相时，张某某感到很意外，直到民警播放对其家访的视频后，张某某才放下心理防线。在疫情防控期间，监区多次特批其拨打亲情电话，使其与亲属建立良好的关系，现张某某已彻底信任民警。二是循循善诱，自省自悟。在和张某某建立了良好矫治关系的基础上，民警采用认知疗法，首先针对张某某人际关系紧张的现象，引导其不要一味认为都是别人和自己过不去，认真思考自己是不是也有问题。张某某反思后，对民警说“我这个人爱较真，说话刻薄，冲动时不顾别人的感受，图一时嘴快，得罪过不少警官和同改”。民警在引导张某某认识到自己的问题后，让其逐渐改变自己人际交往方式，紧张的人际关系也有所缓和；民警又引导其反思社会、监狱管理是否像其认为的那样不公平，并和张某某一起回顾了他的成长经历、犯罪经历、逃亡经历和服刑经历。在回顾中，张某某认识到了自己的想法是极端的，而这些极端的想法和自己的性格有关，并不断查找自己性格上的缺陷。经过循循善诱的引导，张某某将自己的现状从外归因开始向内归因转变，基本消除了对社会、监狱管理的仇视心理，以及对民警的怨恨心理。三是改变认知，努力成长。在张某某开始学会遇事从自己身上找原因后，民警采用理性情绪疗法，引导张某某认识到他的很多过激行为与不正确的认知有关，帮助其建立合理的认知和观念，张某某自述“改变观念后，觉得烦恼少了许多，想法也没以前极端了，与同改和警官相处也轻松了，每天读书、下棋，生活很充实”。民警对张某某的改变给予肯定和表扬，鼓励其多读书，丰富知识，开阔视野。张某某因只有小学文化，对书中的内容理解有困难，民警给其买了《现代汉语词典》，鼓励其先提高自身文化水平，帮助其从监狱图书室借了一些适合其看的书，并建议其坚持书写心得体会。通过民警的引导和鼓励，张某某发生了较大的转变，能够控制自己的情绪，偏执的个性得到改善，暴躁的性格得到遏制，正逐步实现自我的成长。

6. 预期矫治目标

（1）取得张某某信任，与其建立良好的矫治关系，帮助其激发改造希望。

（2）逐步改变张某某偏执、暴躁的性格，让其自然面对疾病，配合治疗，放弃自杀想法，减少违规违纪行为。

（3）使张某某回归正常的改造轨道，建立良好的人际关系，构建良性的支持系统，促进其人格完善。

【教育改造成效】

1. 找准致因性问题，明确矫治靶目标

对罪犯的个别化矫治，要以消除罪犯产生现实危险性或潜在危险性的致因性问题为前提，在维护监狱持续安全稳定的基础上，实现消除罪犯犯罪的犯因性问题的目标。要消除罪犯的现实危险性，找到导致其产生现实危险的致因性问题是关键，这样才能使矫治措施具有针对性，做到有的放矢，直达病灶，实现药到病除的目的。

2. 统筹矫治资源，做好分工协作

对罪犯的个别化矫治，不是某个部门和某个监区的事，要根据矫治罪犯的致因性、犯因性问题需要，统筹好业务部门和监区，做到共同发力，实施精准矫治。参与矫治的部门和监区，要分工明确，为消除罪犯的致因性、犯因性问题各司其职，各尽其能，同时又要密切合作，形成合力，做到多管齐下，统筹推进，切实提高矫治实效。

3. 攻心治本，切实有效改造罪犯

通过矫治，张某某的自杀想法有效消除，不再仇视社会、仇视监狱管理，对民警的怨恨心理基本消除，重新燃起了改造的希望，没有发生违规违纪行为，能够与民警、其他罪犯和谐相处，基本回归正常的改造轨道。矫治后张某某获表扬 2 个。

综上，对张某某采取“三面支持”矫治方案后，张某某的现实危险性消除，矫治目标基本实现，但其性格的形成受人生经历的影响，改变较慢，需要民警给予长期的心理支持和张某某坚持不懈的努力，如此才能实现其人格的自我完善。

**拓展阅读**

## 学习笔记

# 项目六　罪犯教育评价

**项目知识图谱**

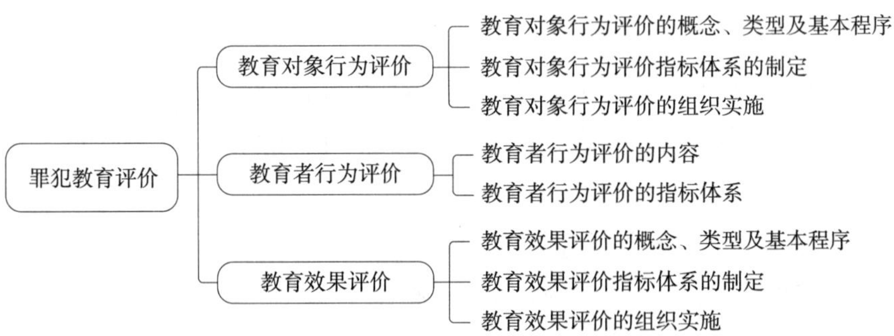


## 任务一　教育对象行为评价

### 一、教育对象行为评价的概念、类型及基本程序

1. 教育对象行为评价的概念

教育对象行为评价是针对罪犯开展的一种过程性评价，是指我国监狱机关根据罪犯教育工作的目标，对罪犯在教育改造中的行为表现情况进行全面的掌握和检查监督，以便及时发现问题、调整矫正方案、总结罪犯教育工作的规律，确保罪犯教育工作向正确方向发展。

2. 教育对象行为评价的类型

根据罪犯教育工作的内容可以将教育对象行为评价分为：思想政治教育评价、文化知识教育评价、职业技术教育评价、心理健康教育评价、美育及体育教育评价等。

根据罪犯教育工作所使用的方式和技术可以将教育对象行为评价分为：集体教育评价、个别教育评价、社会教育评价等。

根据评价的方法可以将教育对象行为评价分为：定量评价、定性评价及综合评价等。

根据罪犯教育工作的时间段可以将教育对象行为评价分为：入监评价、日常教育评价及出监评价。

3. 教育对象行为评价的基本程序

（1）明确教育对象行为评价的指导思想、目的。

（2）明确教育对象行为评价的内容。

（3）制定教育对象行为评价的指标体系。

（4）制定教育对象行为评价的实施方案。

（5）按照教育对象行为评价的指标体系、实施方案开展评价工作。

（6）根据实际情况公布评价结果，并进行相应的奖励与批评。

（7）对于评价结果不良的罪犯要及时调整教育策略，及时跟进。

（8）对评价工作进行总结，进一步完善评价指标体系，以便于下一步工作的开展。

## 二、教育对象行为评价指标体系的制定

### （一）教育对象行为评价指标体系的概念

建立教育对象行为评价指标体系，就是要建立一个客观、量化的评价指标体系，使评价工作科学化、系统化、数字化，以此评价罪犯教育工作过程的整体情况，从而为罪犯教育工作的开展提供及时、有效、全面的量化依据。

### （二）教育对象行为评价指标体系的制定

1. 确定教育对象行为评价指标体系的一级项目和二级项目

根据《中华人民共和国监狱法》《监狱教育改造工作规定》《监狱教育改造罪犯工作目标考评办法》等法律法规及罪犯教育工作的实践，确定教育对象行为评价的一级评价项目和二级项目所包含的内容。

在指标体系确立的过程中，要坚持以人为本，理论联系实际。要从罪犯关注的方面出发，注重评价指标体系的建立贴近罪犯思想和改造实际，发挥罪犯的主观能动性。同时要从监狱工作的实际出发，使指标体系的构建体现出科学性、前瞻性和可操作性。

2. 确定教育对象行为评价指标的权重值

指标的权重值体现了各指标的相对重要程度。在教育对象行为评价指标体

系中，为了能够将有关评价项目的重要性程度用数据体现出来，按照各项目在评价指标体系中的重要程度分别对应相应的比例分值，就是权重值。

常用的设置权重值的方法包括：

（1）主观经验法。即监狱评价者根据自己的经验给指标设定权重及权重值。这需要评价者具有丰富的工作经验，对教育对象有充分的了解。

（2）主次指标排队分类法。也称 A、B、C 分类法，其操作分为排队和设置权重值两步：排队是将所有指标按照一定标准（如重要性）进行排列，设置权重值是在排队的基础上按照 A、B、C 三类指标设置权重值。

（3）专家调查法。这是指聘请罪犯教育工作相关专家对评价指标体系进行深入研究，每位专家先独立对评价指标设置权重值，然后对每个评价指标的权重值取平均值，作为最终权重值。

3. 教育对象行为评价指标体系的制定原则

（1）法制性原则。在教育对象行为评价指标体系的制定过程中，应仔细研读相关法律法规，以此作为制定评价指标体系的法律依据。

（2）系统性原则。评价指标体系的各个指标之间要有一定的逻辑关系，形成一个不可分割的评价指标体系。

（3）科学性原则。各个评价指标体系的制定及评价指标的选择应全面、客观、真实地反映出罪犯教育工作中各指标的真实情况，指标需具有代表性。

（4）可操作化、可量化原则。指标需便于收集、简单明了，指标的制定和选择需考虑到是否便于数据处理和分析。

### （三）教育对象行为评价指标体系制定的基本程序

（1）成立教育对象行为评价指标体系制定工作小组。

（2）明确评价指标体系建立的指导思想。

（3）选定评价指标体系包含的一级项目、二级项目，搜集建立评价指标体系的资料。

（4）确定评价指标体系中的一级项目、二级项目的权重与权重值，确定评价的方法、程序和奖惩，建立完整的评价指标体系。

## 三、教育对象行为评价的组织实施

### （一）教育对象行为评价组织实施的内涵

教育对象行为评价组织实施是对罪犯教育的各个工作环节进行的考核评价。教育对象行为评价的组织实施者是上级机关，内容涉及罪犯教育工作的全过程，是一个复杂严密的实施过程，目的是能够及时发现工作的不足与问题并及时纠正，提升罪犯教育改造的质量。

### （二）制定教育对象行为评价组织实施的方案

#### 1. 首部

（1）标题。标题须指明关于罪犯行为评价的实施方案。

（2）指导思想。指导思想需体现出评价组织实施的依据、评价要达到的目标、作用等，为评价工作指明方向。

#### 2. 主体部分

（1）评价活动的机构设置。要写明评价活动的领导小组成员的构成、下设的机构、机构职责和相应的保障措施。

（2）评价活动的时间。应综合考虑监狱工作的总体安排。

（3）评价活动的要求。要求应包括评价工作的纪律、评价的程序、评价标准的制定、评价应达到的效果等内容。

（4）教育对象行为评价的项目与权重值。

（5）评价结果的奖惩措施等。

#### 3. 尾部

在教育对象行为评价活动组织实施方案的最后要注明单位和日期。

### （三）教育对象行为评价组织实施的基本程序

（1）召开会议，进行评价工作部署。

（2）调查研究，制定实施方案，上报审批。

（3）下发通知，告知评价工作安排。

（4）根据安排，有序开展评价工作。

（5）对评价活动进行总结，撰写总结报告。

**拓展阅读**

学习笔记

# 任务二　教育者行为评价

## 一、教育者行为评价的内容

从民警教育改造罪犯的职责任务上看，对民警进行评价的内容包括：

组织对罪犯实施思想教育、分类教育、个别教育、心理健康教育等，掌握罪犯思想动态和改造情况。

组织对罪犯实施文化技术教育，不断提高罪犯的文化水平和技术素质，使多数罪犯掌握一技之长。

组织监区文体活动，加强监区文化建设。

组织做好罪犯社会帮教工作，争取社会各界对监狱工作的支持，组织开展对刑满释放人员改造质量的评价、调查等。

组织调研工作，随时掌握罪犯构成的变化和特点，有针对性地制定教育改造工作计划，编写教材，开展各项教育改造活动。

管理教学场地、管理使用教育改造经费、设施和设备。

组织实施对罪犯思想改造表现的考核工作，负责罪犯改造积极分子等行政奖励的审核和审批工作，参与对罪犯减刑、假释等法律奖励的审核工作，参与考核民警完成教育改造任务的工作和奖惩情况。

加强基础建设，做好台账等内勤资料的统计和报表、宣传工作等。

## 二、教育者行为评价的指标体系

按照监狱罪犯教育改造工作的主要内容，可将对教育者行为的评价指标体系分为：

**表 6-1　入监教育工作评价表**

| 序号 | 评价指标 | 分值 |
|---|---|---|
| 1 | 对新入监罪犯，按规定由入监监区集中进行入监教育，教育时间不少于 2 个月。 | 10 分 |
| 2 | 对新犯应当在 3 天内进行谈话教育，摸清犯情，消除隐患。 | 10 分 |
| 3 | 了解和掌握新收罪犯的基本情况、认罪态度和思想动态。 | 10 分 |
| 4 | 新收罪犯入监后，及时向其宣布罪犯在服刑期间享有的权利和应当履行的义务。 | 10 分 |
| 5 | 对新收罪犯，应当进行法治教育、监规纪律教育、认罪服法教育、反脱逃教育和安全生产教育等。 | 10 分 |
| 6 | 引导罪犯撰写思想自传，熟记文明用语和报告词，熟唱指定的改造歌曲。 | 10 分 |

续表

| 序号 | 评价指标 | 分值 |
| --- | --- | --- |
| 7 | 引导罪犯明确改造目标，适应服刑生活。 | 10分 |
| 8 | 及时发现危险犯，并向接收监区提出书面反馈材料。 | 10分 |
| 9 | 对罪犯进行个体分析和心理测验，对其危险程度、恶性程度、改造难度进行评价，提出关押和改造建议。 | 10分 |
| 10 | 入监教育结束后，及时对新收罪犯进行考核验收。 | 10分 |
| 合计 | | 100分 |

**表6-2 “三课”教育工作评价表**

| 序号 | 评价指标 | 分值 |
| --- | --- | --- |
| 1 | 坚持把思想教育作为教育改造罪犯的核心，积极探索罪犯教育的有效途径和方法，增强罪犯接受教育的自觉性。 | 20分 |
| 2 | 坚持以文化教育为基础，技术教育为重点，认真贯彻落实相关文件精神，加强对罪犯的文化教育和职业技术教育。 | 20分 |
| 3 | 认真落实“三课”教育计划，完成教学任务。 | 10分 |
| 4 | 能够认真备课、讲课、批改作业，积极开展教研活动。 | 10分 |
| 5 | 严格遵守编班条件，根据判决书上确定的罪犯文化程度，分别开展相应的文化教育工作，提高教学质量。 | 10分 |
| 6 | 根据罪犯在狱内劳动的岗位技能要求和刑满释放后就业的需要，组织罪犯开展岗位技术培训和职业技能教育。 | 10分 |
| 7 | 对罪犯开展安全生产知识教育，建立安全生产三级教育制度，对特种作业人员进行上岗前培训。 | 10分 |
| 8 | 落实民警对罪犯学习现场的直接管理，确保监管安全和良好的教学秩序。 | 10分 |
| 合计 | | 100分 |

**表6-3 个别教育工作评价表**

| 序号 | 评价指标 | 分值 |
| --- | --- | --- |
| 1 | 对所管理的罪犯每月至少安排一次个别谈话教育。 | 10分 |
| 2 | 对分监区所有罪犯能够做到“无册点名”。 | 10分 |
| 3 | 认真落实“十必谈”制度。 | 20分 |
| 4 | 对罪犯“四知道”情况熟练掌握。 | 20分 |
| 5 | 对罪犯进行个别谈话教育，应认真做好记录（含三要素，即谈话的目的、内容和效果），不弄虚作假。 | 10分 |

续表

| 序号 | 评价指标 | 分值 |
| --- | --- | --- |
| 6 | 能够根据罪犯的思想状况和动态，采取有针对性的教育改造措施。 | 10 分 |
| 7 | 根据罪犯的犯罪类型，结合罪犯的危险程度、恶性程度、接受能力等，对罪犯进行分类教育。 | 10 分 |
| 8 | 建立对顽危罪犯的认定和教育转化制度。 | 10 分 |
| 合计 | | 100 分 |

**表 6-4　监区文化建设工作评价表**

| 序号 | 评价指标 | 分值 |
| --- | --- | --- |
| 1 | 组织罪犯开展丰富多彩的文化、体育等活动。 | 10 分 |
| 2 | 办好图书室、阅览室、墙报、黑板报，组织经常性的读书、评报活动。 | 10 分 |
| 3 | 成立多种形式的文艺表演队、体育运动队等，丰富罪犯的业余生活。 | 10 分 |
| 4 | 组织罪犯学习音乐、美术、书法等，开展艺术和美育工作。 | 10 分 |
| 5 | 重视宣传报道工作，健全报道网络，发挥正向舆论导向作用。 | 10 分 |
| 6 | 定时组织罪犯收听、收看新闻及其他有益于罪犯改造的广播、电视节目。 | 10 分 |
| 7 | 美化监区环境，规范监区环境布置。 | 10 分 |
| 8 | 在国庆节、劳动节、元旦、春节等重大庆祝节日，组织罪犯参加升旗仪式。 | 10 分 |
| 9 | 挖掘监区特色文化建设活动。 | 10 分 |
| 10 | 逐渐形成“一区一品一特色”的文化活动并有所传承。 | 10 分 |
| 合计 | | 100 分 |

**表 6-5　社会帮教工作评价表**

| 序号 | 评价指标 | 分值 |
| --- | --- | --- |
| 1 | 积极争取社会各个方面和社会各界人士的支持，配合监狱开展有益于罪犯改造的各种社会帮教活动。 | 10 分 |
| 2 | 建立以亲情帮教为主的社会帮教网络，根据监狱工作实际，定期开展亲情帮教活动。 | 10 分 |
| 3 | 开设亲情电话，管理制度健全，通话记录完整。 | 10 分 |
| 4 | 鼓励和支持社会志愿者参与对罪犯进行思想、文化、技术教育等方面的帮教活动。 | 10 分 |
| 5 | 为罪犯获得法律援助提供帮助，联系、协调当地法律援助机构为罪犯提供法律援助服务。 | 10 分 |
| 6 | 不断拓展和延伸社会帮教的特殊教育功能和社会功能。 | 10 分 |

续表

| 序号 | 评价指标 | 分值 |
| --- | --- | --- |
| 7 | 加强与地方部门的合作。 | 20 分 |
| 8 | 制作相应的帮教宣传材料，形成“教育一个人，影响一群人”的局面。 | 20 分 |
| 合计 | | 100 分 |

**表 6-6　心理咨询工作评价表**

| 序号 | 评价指标 | 分值 |
| --- | --- | --- |
| 1 | 开展对罪犯的心理矫治工作，建立心理矫治基地，配备必要的设备。 | 10 分 |
| 2 | 配备专业人员对罪犯进行心理矫治，建立心理档案。 | 10 分 |
| 3 | 对罪犯进行心理健康教育，宣传心理健康知识。 | 10 分 |
| 4 | 开展对自杀、暴力危险罪犯的心理干预。 | 10 分 |
| 5 | 及时发现有心理疾病的罪犯，实施咨询矫治。 | 10 分 |
| 6 | 积极开展心理咨询民警与顽危犯的结对包干矫治工作。 | 10 分 |
| 7 | 对罪犯服刑适应能力、危险性程度、顽固性程度、精神疾病等方面进行识别评价，为罪犯分类管理、因人施教提供重要依据。 | 10 分 |
| 8 | 了解掌握罪犯的思想动态，排摸顽危罪犯。 | 10 分 |
| 9 | 及时上报心理咨询、应激干预对象。 | 10 分 |
| 10 | 落实矫治建议，反馈矫治效果，巩固矫治质量。 | 10 分 |
| 合计 | | 100 分 |

**表 6-7　出监教育工作评价表**

| 序号 | 评价指标 | 分值 |
| --- | --- | --- |
| 1 | 对即将刑满释放的罪犯进行出监教育。 | 10 分 |
| 2 | 出监教育内容涵盖形势、政策、前途教育，遵纪守法教育和毕业后的就业指导。 | 10 分 |
| 3 | 使罪犯做好出监后应对各方面问题的思想准备，使其顺利回归社会。 | 10 分 |
| 4 | 根据罪犯在服刑期间的考核情况、奖惩情况、心理测验情况，对其改造效果进行综合评价。 | 20 分 |
| 5 | 按照要求填写《刑满释放人员通知书》，寄送罪犯原户籍所在地的县级公安机关和司法行政机关。 | 10 分 |
| 6 | 组织对刑满释放人员回归社会后的情况进行了解。 | 10 分 |
| 7 | 评价教育改造工作的质量和效果。 | 10 分 |

续表

| 序号 | 评价指标 | 分值 |
| --- | --- | --- |
| 8 | 总结推广教育改造工作的成功经验，不断提高教育改造工作质量。 | 20 分 |
| 合计 | | 100 分 |

**表 6-8　监区教育改造工作综合评价表**

| 序号 | 评价指标要求 | 评价指标 | 评价方法 | 分值 |
| --- | --- | --- | --- | --- |
| 1 | 各项教育设施完备、完整，能够正常按规定使用 | 未经同意，教育设施被挤占、挪用的扣 2 分。 | 对照教育设施使用情况进行检查 | 5 |
| | | 管理混乱，设施被人为损坏的视情况扣 1—3 分。 | | |
| 2 | 严格按照“三课”教学计划和 5+1+1 教学计划开展教学、编班；免学条件符合相关要求；入学率达到相关要求；“三课”教育工作正常开展，学习到课率达标，落实民警对罪犯学习现场的直接管理；考试及格率达标 | 编班、免学人员、教学计划不符合要求的扣 2 分，未及时上报的扣 1 分，未按要求落实 5+1+1 教学计划，未建立专项教育台账扣 1—3 分。 | 根据要求检查台账、现场督查及抽查 | 12 |
| | | 课时统计、入学率、到课率、考试及格率统计、教学手册等不符合规定的扣 2 分；学期结束时，未及时整理提交教学手册的扣 1 分。 | | |
| | | 集体点名不符合要求，随意改变时间或无正当理由有民警不参与点评教育的，每发现一次扣 1 分。 | | |
| | | 调课补课无组织的扣 2 分；擅自不按规定时间上下课的扣 1—2 分；教学现场秩序混乱的扣 1 分；教学现场无民警管理的扣 2 分。 | | |
| 3 | 罪犯对行为规范做到应知应会，能熟记文明用语和报告词，熟唱指定的改造歌曲 | 罪犯未掌握行为规范每次扣 1 分，精神障碍及老年罪犯酌情考虑。 | 理论考试及现场抽查 | 10 |
| | | 罪犯行为养成差、不懂文明礼貌的每人次扣 2 分。 | | |
| | | 罪犯应知应会不达标的每人次扣 1 分。 | | |
| | | “十不准”未掌握的每人次扣 1 分。 | | |
| | | 必唱的改造歌曲不会的扣 1 分，点名前不唱改造歌曲的扣 1 分。 | | |

续表

| 序号 | 评价指标要求 | 评价指标 | 评价方法 | 分值 |
| --- | --- | --- | --- | --- |
| 4 | 根据监区生产特点和罪犯刑满释放后谋生的需要，开展技术教育和职业教育培训，罪犯获证率达到相关要求，特殊工种必须持证上岗 | 刑满释放人员统计有误或刑满释放人员获证率未达标，扣2分。 | 检查台账、报表、证书等 | 10 |
| | | 实际服刑3年以上，发证率未达100%的扣2分。 | | |
| | | 特殊工种无证上岗的，每人扣2分。 | | |
| | | 未按规定进行安全生产教育的，每人扣1分。 | | |
| 5 | 个别谈话教育 | 谈话教育本及相关材料未按要求进行记录的扣2—3分。 | 检查思想教育专档和现场抽查、抽考 | 12 |
| | | “十必谈”罪犯没有及时谈话并进行记录的，每人次扣1分。 | | |
| | | 民警对分管罪犯每月一次谈话未落实的，每人次扣1分。 | | |
| | | 对民警掌握的包干罪犯的基础信息进行书面考核，每人次不合格的扣1分。 | | |
| | | 民警无册点名考核时有5%以上不认识的视为不合格，不合格每人次扣1分（两个月内新分配的罪犯不列入考核范围）。 | | |
| | | 个别谈话教育考核不及时扣1分。 | | |
| | | 分监区领导未掌握重点罪犯“四知道”情况的扣1分。 | | |
| 6 | 顽危犯教育 | 顽危犯未按要求建立专档的，每人次扣2分。 | 检查顽危犯专档和现场询问 | 5 |
| | | 顽危犯每半月谈话教育一次并记录，缺一次扣1分。 | | |
| | | 顽危犯管理教育计划未及时制定，月考核等跟踪记录不及时，每次扣1分。 | | |
| | | 顽危犯转化率未达到50%的，扣3分。 | | |

续表

| 序号 | 评价指标要求 | 评价指标 | 评价方法 | 分值 |
|---|---|---|---|---|
| 7 | 心理咨询和矫治工作 | 心理档案工作：对每名罪犯建立心理档案，内容包括一般情况和心理测试等，每缺一份扣1分，内容不全或测试无效扣1分。 | 检查台账或询问 | 10 |
| | | 顽危犯心理矫治专档工作：对顽固犯、危险犯建立心理矫治专档，应当建立心理矫治专档而未建档的，每人扣1分，档案内容不规范，扣1—2分。 | | |
| | | 心理动态分析工作：及时掌握罪犯心理动态，发现心理反常罪犯。分监区分管民警每周对每小组罪犯心理动态进行分析并记录，监区需及时将罪犯心理动态情况上报教育改造科。分析不落实或不具体，扣1—2分，上报不及时扣1分。 | | |
| | | 对重点控制罪犯的教育工作：按在押罪犯数量的1%确定重点控制对象，分监区所有民警掌握重点控制罪犯的基本情况，落实教育工作。比例未达到的，扣1—2分，工作未落实的，扣1—2分。 | | |
| | | 心理咨询民警工作：积极参加心理咨询活动，完成工作任务，未按时完成工作任务的，扣2分。 | | |
| | | 开展心理问题罪犯筛选工作：及时发现心理存在问题的罪犯，进行个别谈话教育干预和危险性评价控制，发现疑似精神异常的应及时上报。对罪犯心理问题发现不及时、教育不及时的扣1—2分，未及时发现反常罪犯，扣1—2分。 | | |
| | | 其他心理矫治工作：认真组织心理健康教育、个别咨询等多种形式咨询工作，落实咨询意见，不能落实或效果较差的，每次扣1分。 | | |
| | | 监区未按监狱要求安排民警到心理咨询室坐班的，每起扣1分。 | | |

续表

| 序号 | 评价指标要求 | 评价指标 | 评价方法 | 分值 |
| --- | --- | --- | --- | --- |
| 8 | 图书室、阅览室管理 | 因管理不善致使图书、杂志破损、遗失的，每发现一次扣2分。 | 定期抽查图书室、阅览室 | 8 |
| | | 图书室杂志管理不规范，未能定期正常开放的，扣1分。 | | |
| | | 图书室、阅览室卫生不整洁的，扣1分。 | | |
| | | 图书室、阅览室书籍未按要求及时归类、室内堆放杂物的，扣1分。 | | |
| 9 | 监区文化活动 | 落实监狱开展的各项活动不到位、开展不正常、效果不明显，扣1—3分。 | 平时督查 | 7 |
| | | 分监区定期开展群体性文体活动，未开展或开展不正常的，扣1—3分。 | | |
| | | 监区“一区一品一特色”工作落实不到位，活动开展不正常，扣1—3分。 | | |
| 10 | 宣传报道 | 相关刊物投稿未完成或稿件质量差，扣1—3分。 | 根据平时投稿和统计数据情况评价；抽查报刊、杂志分发台账等 | 10 |
| | | 未按要求定期开展交流、座谈会的，扣1分。 | | |
| | | 监区未按要求进行报纸、杂志分发的，扣1分。 | | |
| | | 分监区黑板报未及时刊出，每少一期扣1分。 | | |
| 11 | 入监、出监工作 | 没有认真执行《归正人员安置帮教工作办法》、没有及时寄发《刑释通知书》的，每起扣1分。 | 根据平时寄发登记材料等 | 6 |
| | | 没有开展刑释人员评价工作的每起扣3分，没有开展刑释前罪犯心理测试工作的每起扣2分，测试或评价工作不认真、不符合要求的，每起扣1分。 | | |
| | | 业务工作不认真、不重视、流于形式的，扣1—3分。 | | |
| | | 每月定期开展出监教育，有出入监教育台账，未按监狱要求开展的，扣1—3分。 | | |
| | | 按监狱要求定期完成教育任务，并有相关台账，每期新犯考核不合格留级的，每留级一名，扣1分。 | | |

续表

| 序号 | 评价指标要求 | 评价指标 | 评价方法 | 分值 |
| --- | --- | --- | --- | --- |
| 12 | 民主评议制度落实 | 评议程序不符合要求的，扣 2 分。 | 结合奖惩需要检查 | 5 |
| | | 评议后原始台账不齐全，不能说明评议结果的，扣 1 分。 | | |
| 合计 | | | | 100 分 |

学习笔记

## 任务三　教育效果评价

### 一、教育效果评价的概念、类型及基本程序

#### （一）教育效果评价的概念

教育效果评价是针对罪犯个体和群体的认罪悔罪程度和遵纪守法状态的评价，是罪犯经过一定期限的教育后，对其原有的犯罪心理和行为恶习的消除程度，守法心理、良好行为习惯的建立程度及对社会生活适应程度的客观综合的评定。

教育效果评价的作用包括：

第一，检测作用，即监狱通过组织实施评价，可以及时发现监狱教育活动和教育目标之间是否存在偏差，并及时修正问题，从而提高和改善监狱的教育工作。同时，教育效果评价也可以使罪犯了解到自身在教育改造中的表现，以更好地参与接下来的改造活动中。

第二，显示作用，即罪犯可以通过教育效果评价，展示自己的改造表现，评价结果作为监狱对待罪犯处遇的依据，可以进一步调动罪犯接受改造的积极性。

第三，评价作用，即通过综合评价罪犯在认罪服法、思想道德、文化素质、职业技能、心理健康等方面的状况，反映罪犯的改造情况，以此作为教育改造的效果展示，进一步促进监狱教育矫正工作水平的提升。

#### （二）教育效果评价的类型

根据评价的方法可以将教育效果评价分为：分项量化评价、定性评价、综合分析评价。其中综合分析评价应注意：一是个别与整体相结合；二是过去与现在相结合；三是问题与成绩相结合；四是工作与效果相结合。

根据评价的对象可以将教育效果评价分为：罪犯个体教育评价、罪犯群体教育评价。

根据评价内容可以将教育效果评价分为：思想政治教育效果评价、文化知识教育效果评价、职业技术教育效果评价、心理健康教育效果评价、罪犯重新犯罪情况评价等。

按照评价的目的可将教育效果评价分为：过程性评价与结果性评价。

#### （三）教育效果评价的基本程序

（1）成立罪犯教育效果评价工作领导小组。

（2）确立罪犯教育效果评价的目的、任务、指导思想及评价的内容。

（3）制定罪犯教育效果评价指标体系，准备评价工具及相关资料。

（4）制定罪犯教育效果评价的组织实施方案。

（5）按照实施方案及指标体系开展评价工作。

（6）公布评价结果并反思不足。

（7）对评价工作进行总结，进一步完善评价指标体系。

## 二、教育效果评价指标体系的制定

### （一）教育效果评价指标体系的概念

罪犯教育效果评价指标体系是指由一系列相互联系、相互制约、相互作用的罪犯教育效果评价的要素构成的、用以衡量罪犯教育工作效果的一套科学完整的体系。

### （二）教育效果评价指标体系的制定

#### 1. 确立教育效果评价项目的一级项目

罪犯教育效果评价项目的一级项目包括：

（1）思想政治教育效果评价。评价的重点是从罪犯的思想和行动的结合上，评价其错误的思想认识的转化程度及是否树立正确的思想意识。

（2）文化知识教育效果评价。通过考试、考查的方式，评价罪犯对所学文化知识的理解和掌握程度。

（3）职业技术教育效果评价。检验罪犯在劳动实践中对所学技术的应知应会程度。

（4）心理健康教育效果评价。一般采用心理测验的方法进行评价。

（5）重新犯罪情况评价。这是衡量监狱监管工作的重要标准。

#### 2. 确立教育效果评价项目的二级项目

罪犯教育效果评价项目的二级项目包括：

思想政治教育效果评价的二级项目包括认罪悔罪情况、对定罪量刑的认识、法律知识的掌握情况、守法意识养成、消极思想消除、人生观、价值观、道德观等社会价值观的树立情况以及道德行为的践行情况等。

文化知识教育效果评价的二级项目包括学习态度、考试情况、文明程度等。

职业技术教育效果评价的二级项目包括学习态度、思想观念、职业技能掌握情况、职业技能考核情况等。

心理健康教育效果评价的二级项目包括人际交往能力、情绪控制能力、环境适应能力、人格健康程度等。

重新犯罪情况评价的二级项目包括重新逮捕情况、重新起诉情况、重新入狱情况等。

表 6-9 罪犯教育效果评价指标体系表

| 一级项目 | 二级项目 | 考核内容 | 标准 | |
|---|---|---|---|---|
| | | | 优秀 | 合格 |
| 思想政治教育效果评价 | 认罪悔罪情况 | 能够客观认识自身的犯罪行为，反思自己的犯罪原因，对被害人有悔意 | 正确认识自己的犯罪原因、认罪悔罪、认识到犯罪的危害，有强烈的罪责感 | 对犯罪行为有一定的认识，能够在一定程度上悔过 |
| | 对定罪量刑的认识 | 服从法院判决，不无理上诉 | 能够承认自身的犯罪事实，服从法院的判决 | 对法院的判决有一定的理解和认识 |
| | 法律知识的掌握情况 | 认真学习法律知识，遵守监规纪律 | 掌握基本的法律常识，树立正确的法律观念 | 了解一定的法律知识 |
| | 守法意识养成 | 具备法治观念，能够约束自身的行为 | 遵纪守法意识强烈，能够有效地控制自身的言行，将法律观念内化于心 | 基本遵守日常行为规范，有基本的守法观念 |
| | 消极思想消除 | 以健康、进步的思想武装头脑 | 树立正确的三观，积极面对生活 | 剔除消极落后的思想 |
| | 树立了正确的世界观、人生观、价值观 | 抛弃扭曲的、落后的三观，认识到自己思想深处的困惑和偏颇，能够正确对待人生道路上的失败与挫折 | 能够明确人生的目的，端正人生态度，激发内心深处的进取心，积极探索人生道路 | 明白做人的基本道理，重新选择人生正确的道路 |
| | 道德观念 | 拥有一定的道德情感和道德理念 | 对基本的道德常识、规范能够理解，拥有朴素的道德情感和道德理念，有强烈的道德感 | 对道德常识、规范有一定的认识和理解，有是非判断的能力 |
| | 道德行为 | 拥有一定的道德修养，能够做出符合道德要求的行为 | 能够将道德观念内化，以道德观念指导自身日常生活中的行动，具有良好的道德修养，践行道德规范 | 有一定的道德观念，在行为上基本符合社会道德规范的要求 |

续表

| 一级项目 | 二级项目 | 考核内容 | 标准 | |
|---|---|---|---|---|
| | | | 优秀 | 合格 |
| 文化知识教育效果评价 | 学习态度 | 学习态度是否端正，能否按时到课、听课，课堂表现情况及完成作业情况等 | 学习态度端正，能够按时到课、听课，上课参与度高；表现积极，完成作业质量高 | 学习态度基本端正，能够按时到课、听课，表现良好，能够基本完成学习任务 |
| | 考试情况 | 各科目考试情况 | 各科目考试情况平均在优秀 | 各科目考试情况合格 |
| | 文明程度 | 自身文化修养的提升程度，“蛮”“暴”的性情的改变程度 | 自我约束力明显提升，文化修养及自我要求提高 | 言行基本规范、得体，有一定的文明素养 |
| 职业技术教育效果评价 | 学习态度 | 学习态度是否端正，能否按时到课、听课，课堂表现情况及完成作业情况等 | 学习态度端正，能够按时到课、听课，上课参与度高；表现积极，完成作业质量高 | 学习态度基本端正，能够按时到课、听课，表现良好，能够基本完成学习任务 |
| | 思想观念 | 认识劳动的意义，端正劳动态度，遵守劳动纪律，促进思想改造 | 能够认识到劳动创造人类及改造人类的重大意义，消除不劳而获、贪婪懒惰的腐朽思想 | 能够树立基本的劳动观念 |
| | 职业技能掌握情况 | 职业技能实际操作能力情况 | 掌握一技之长，具备一定的职业技能，具备回归社会后基本的谋生能力，能够自食其力 | 有一定的职业技能，有一定能力凭借正当手段立足于社会 |
| | 职业技能考核情况 | 获得有效职业资格证书情况 | 获得相关部门颁发的职业资格证书和技术等级证书 | 通过职业技术培训，掌握一定的职业技能 |
| 心理健康教育效果评价 | 人际交往能力 | 与他人相处的能力 | 能够与他人和谐相处，提高沟通与交流的水平，建立和谐的人际关系 | 基本能够与他人和谐相处，人际关系一般 |
| | 情绪控制能力 | 自我情绪的把控能力 | 善于调节和把控自己的情绪，能够尽快摆脱障碍，调节自我，学会从多角度看待问题，积极对自我身心进行调控 | 基本能够把握住自己的情绪 |

续表

| 一级项目 | 二级项目 | 考核内容 | 标准 | |
|---|---|---|---|---|
| | | | 优秀 | 合格 |
| 心理健康教育效果评价 | 环境适应能力 | 适应环境的情况 | 能够承受住挫折，适应狱内狱外的环境能力强 | 能够基本适应周围环境 |
| | 人格健康程度 | 人格健全程度 | 人格完整、健全 | 人格较健全，仍需不断完善 |
| 重新犯罪情况评价 | 重新逮捕情况 | 重新逮捕次数、逮捕罪名类型、逮捕时间间隔、逮捕原因与情节 | 观察期内无逮捕记录，社会融入良好无不良行为 | 仅一次轻微违法逮捕，积极悔改无后续违规 |
| | 重新起诉情况 | 重新起诉次数、起诉罪名与原犯罪名关联度 | 观察期内无起诉记录，持续保持守法良好状态 | 一次轻微犯罪起诉，妥善处理后无再次违法风险 |
| | 重新入狱情况 | 重新入狱次数、入狱罪名类型、入狱时间间隔、入狱原因与情节 | 观察期内无入狱情况，改造彻底且社会适应佳 | 一次非严重犯罪入狱，出狱后积极改造表现良好 |

3. 教育效果评价指标体系的制定原则

系统性原则。评价体系的各个指标之间要有一定的逻辑关系。

导向性原则。罪犯教育工作要始终围绕着“把罪犯改造成为守法公民”这一核心目标，保证罪犯教育工作坚持正确的方向，教育效果评价应反映罪犯教育工作的宗旨要求。

客观公正原则。应严格按照工作制度开展评价工作，真正发挥评价的作用。

标准化、可操作化原则。罪犯教育效果评价要建立科学的评价指标体系，评价方法应符合监狱工作实际，保证评价指标的科学性，易于实际操作。

（三）教育效果评价指标体系制定的基本程序

（1）成立罪犯教育效果评价指标体系工作领导小组。

（2）全面收集建立评价指标体系所需的一手资料。

（3）明确职责分工。

（4）明确工作原则。

（5）确立一级项目、二级项目。

（6）确立评价标准、权重等，建立完善的指标体系。

## 三、教育效果评价的组织实施

### （一）教育效果评价组织实施的内涵

教育效果评价组织实施是指上级机关按照监狱相关法律法规及以罪犯教育工作效果评价指标体系为标准，成立考核评价机构，对罪犯教育效果进行评价，从而不断提升监狱罪犯教育工作的水平和质量。

### （二）制定教育效果评价组织实施的方案

1．首部

（1）标题。标题须明确关于罪犯教育效果评价的实施方案。

（2）指导思想。指导思想需体现出评价组织实施的依据、评价要达到的目标、作用等，为评价工作指明方向。

2．主体部分

（1）评价活动的目的。评价活动的实施是为了提升监狱罪犯教育工作的实效，总结工作经验，不断提升罪犯教育工作的水平。

（2）评价活动的机构设置。要写明评价活动的领导小组成员的构成、下设的机构、机构职责和相应的保障措施。

（3）评价活动的时间。应综合考虑监狱工作的总体安排。

（4）评价的对象和内容。

（5）教育结果评价的一级项目、二级项目与权重值。

（6）评价结果的奖惩措施等。

3．尾部

在教育效果评价活动组织实施方案的最后要注明单位和日期。

### （三）教育效果评价组织实施的基本程序

（1）成立评价领导机构，确立小组成员。

（2）进行任务分工。

（3）制定评价活动的实施方案。

（4）进行评价考核。

（5）公布评价结论及总结工作。

## 拓展阅读

学习笔记

# 附录　罪犯教育相关法律法规

## 中华人民共和国监狱法

（罪犯教育相关节选）

（1994 年 12 月 29 日第八届全国人民代表大会常务委员会第十一次会议通过
根据 2012 年 10 月 26 日第十一届全国人民代表大会常务委员会第二十九次会议
《关于修改〈中华人民共和国监狱法〉的决定》修正 主席令第 63 号）

### 第一章　总则

**第一条**　为了正确执行刑罚，惩罚和改造罪犯，预防和减少犯罪，根据宪法，制定本法。

**第二条**　监狱是国家的刑罚执行机关。

依照刑法和刑事诉讼法的规定，被判处死刑缓期二年执行、无期徒刑、有期徒刑的罪犯，在监狱内执行刑罚。

**第三条**　监狱对罪犯实行惩罚和改造相结合、教育和劳动相结合的原则，将罪犯改造成为守法公民。

**第四条**　监狱对罪犯应当依法监管，根据改造罪犯的需要，组织罪犯从事生产劳动，对罪犯进行思想教育、文化教育、技术教育。

**第五条**　监狱的人民警察依法管理监狱、执行刑罚、对罪犯进行教育改造等活动，受法律保护。

**第六条** 人民检察院对监狱执行刑罚的活动是否合法，依法实行监督。

**第七条** 罪犯的人格不受侮辱，其人身安全、合法财产和辩护、申诉、控告、检举以及其他未被依法剥夺或者限制的权利不受侵犯。

罪犯必须严格遵守法律、法规和监规纪律，服从管理，接受教育，参加劳动。

**第八条** 国家保障监狱改造罪犯所需经费。监狱的人民警察经费、罪犯改造经费、罪犯生活费、狱政设施经费及其他专项经费，列入国家预算。

国家提供罪犯劳动必需的生产设施和生产经费。

**第九条** 监狱依法使用的土地、矿产资源和其他自然资源以及监狱的财产，受法律保护，任何组织或者个人不得侵占、破坏。

**第十条** 国务院司法行政部门主管全国的监狱工作。

## 第五章 对罪犯的教育改造

**第六十一条** 教育改造罪犯，实行因人施教、分类教育、以理服人的原则，采取集体教育与个别教育相结合、狱内教育与社会教育相结合的方法。

**第六十二条** 监狱应当对罪犯进行法制、道德、形势、政策、前途等内容的思想教育。

**第六十三条** 监狱应当根据不同情况，对罪犯进行扫盲教育、初等教育和初级中等教育，经考试合格的，由教育部门发给相应的学业证书。

**第六十四条** 监狱应当根据监狱生产和罪犯释放后就业的需要，对罪犯进行职业技术教育，经考核合格的，由劳动部门发给相应的技术等级证书。

**第六十五条** 监狱鼓励罪犯自学，经考试合格的，由有关部门发给相应的证书。

**第六十六条** 罪犯的文化和职业技术教育，应当列入所在地区教育规划。监狱应当设立教室、图书阅览室等必要的教育设施。

**第六十七条** 监狱应当组织罪犯开展适当的体育活动和文化娱乐活动。

**第六十八条** 国家机关、社会团体、部队、企业事业单位和社会各界人士以及罪犯的亲属，应当协助监狱做好对罪犯的教育改造工作。

**第六十九条** 有劳动能力的罪犯，必须参加劳动。

**第七十条** 监狱根据罪犯的个人情况，合理组织劳动，使其矫正恶习，养成劳动习惯，学会生产技能，并为释放后就业创造条件。

**第七十一条** 监狱对罪犯的劳动时间，参照国家有关劳动工时的规定执行；在季节性生产等特殊情况下，可以调整劳动时间。

罪犯有在法定节日和休息日休息的权利。

**第七十二条**　监狱对参加劳动的罪犯，应当按照有关规定给予报酬并执行国家有关劳动保护的规定。

**第七十三条**　罪犯在劳动中致伤、致残或者死亡的，由监狱参照国家劳动保险的有关规定处理。

## 第六章　对未成年犯的教育改造

**第七十四条**　对未成年犯应当在未成年犯管教所执行刑罚。

**第七十五条**　对未成年犯执行刑罚应当以教育改造为主。未成年犯的劳动，应当符合未成年人的特点，以学习文化和生产技能为主。

监狱应当配合国家、社会、学校等教育机构，为未成年犯接受义务教育提供必要的条件。

**第七十六条**　未成年犯年满十八周岁时，剩余刑期不超过二年的，仍可以留在未成年犯管教所执行剩余刑期。

**第七十七条**　对未成年犯的管理和教育改造，本章未作规定的，适用本法的有关规定。

## 监狱教育改造工作规定

中华人民共和国司法部令

（第 79 号）

《监狱教育改造工作规定》已经 2003 年 6 月 3 日部长办公会议审议通过，现予发布，自 2003 年 8 月 1 日起施行。

部长　张福森

2003 年 6 月 13 日

### 第一章　总　　则

**第一条**　为了规范监狱教育改造工作，提高教育改造质量，根据《中华人民共和国监狱法》和有关法律、法规的规定，结合监狱教育改造工作实际，制定本规定。

**第二条**　监狱教育改造工作是刑罚执行活动的重要组成部分，是改造罪犯的基本手段之一，是监狱工作法制化、科学化、社会化的重要体现，贯穿于监狱工作的全过程。

**第三条**　监狱教育改造工作的任务，是通过各种有效的途径和方法，教育罪犯认罪悔罪，自觉接受改造，增强法律意识和道德素养，掌握一定的文化知识和劳动技能，将其改造成为守法公民。

**第四条**　监狱教育改造工作，应当根据罪犯的犯罪类型、犯罪原因、恶性程度及其思想、行为、心理特征，坚持因人施教、以理服人、循序渐进、注重实效的原则。

**第五条**　监狱教育改造工作主要包括：入监教育；个别教育；思想、文化、技术教育；监区文化建设；社会帮教；心理矫治；评选罪犯改造积极分子；出监教育等。

**第六条**　监狱教育改造工作，应当坚持集体教育与个别教育相结合，课堂教育与辅助教育相结合，常规教育与专题教育相结合，狱内教育与社会教育相结合。

**第七条**　监狱应当设立教育改造场所，包括教室、谈话室、文体活动室、图书室、阅览室、电化教育室、心理咨询室等，并配备相应的设施。

**第八条**　监狱用于罪犯教育改造的经费，按照国家规定的有关标准执行。

少数民族罪犯、未成年犯的教育改造经费应予提高。

## 第二章　入监教育

**第九条**　对新入监的罪犯，应当将其安排在负责新收分流罪犯的监狱或者监区，集中进行为期两个月的入监教育。

**第十条**　新收罪犯入监后，监狱（监区）应当向其宣布罪犯在服刑期间享有的权利和应当履行的义务：

（一）罪犯在服刑期间享有下列权利：人格不受侮辱，人身安全和合法财产不受侵犯，享有辩护、申诉、控告、检举以及其他未被依法剥夺或者限制的权利。

（二）罪犯在服刑期间应当履行下列义务：遵守国家法律、法规和监规纪律，服从管理，接受教育改造，按照规定参加劳动。

**第十一条**　监狱（监区）对新收罪犯，应当进行法制教育和监规纪律教育，引导其认罪悔罪，明确改造目标，适应服刑生活。

**第十二条**　监狱（监区）应当了解和掌握新收罪犯的基本情况、认罪态度和思想动态，进行个体分析和心理测验，对其危险程度、恶性程度、改造难度进行评估，提出关押和改造的建议。

**第十三条**　入监教育结束后，监狱（监区）应当对新收罪犯进行考核验收。对考核合格的，移送相应类别的监狱（监区）服刑改造；对考核不合格的，应当延长入监教育，时限为一个月。

## 第三章　个别教育

**第十四条**　监狱应当根据每一名罪犯的具体情况，安排监狱人民警察对其进行有针对性的个别教育。

**第十五条**　个别教育应当坚持法制教育与道德教育相结合，以理服人与以情感人相结合，戒之以规与导之以行相结合，内容的针对性与形式的灵活性相结合，解决思想问题与解决实际问题相结合。

**第十六条**　监狱各监区的人民警察对所管理的罪犯，应当每月至少安排一次个别谈话教育。

**第十七条**　罪犯有下列情形之一的，监狱人民警察应当及时对其进行个别谈话教育：

（一）新入监或者服刑监狱、监区变更时；

（二）处遇变更或者劳动岗位调换时；

（三）受到奖励或者惩处时；

（四）罪犯之间产生矛盾或者发生冲突时；

（五）离监探亲前后或者家庭出现变故时；

（六）无人会见或者家人长时间不与其联络时；

（七）行为反常、情绪异常时；

（八）主动要求谈话时；

（九）暂予监外执行、假释或者刑满释放出监前；

（十）其他需要进行个别谈话教育的。

**第十八条** 监狱人民警察对罪犯进行个别谈话教育，应当认真做好记录，并根据罪犯的思想状况和动态，采取有针对性的教育改造措施。

**第十九条** 监狱应当建立罪犯思想动态分析制度，并根据分析情况，组织开展有针对性的专题教育。

分监区每周分析一次，监区每半月分析一次，监狱每月分析一次；遇有重大事件，应当随时收集、分析罪犯的思想动态。分析的情况应当逐级上报。

**第二十条** 监狱应当根据罪犯的犯罪类型，结合罪犯的危险程度、恶性程度、接受能力，对罪犯进行分类，开展分类教育。

**第二十一条** 监狱应当建立对顽固型罪犯（简称顽固犯）和危险型罪犯（简称危险犯）的认定和教育转化制度。

有下列情形之一的，认定为顽固犯：

（一）拒不认罪、无理缠诉的；

（二）打击先进、拉拢落后、经常散布反改造言论的；

（三）屡犯监规、经常打架斗殴、抗拒管教的；

（四）无正当理由经常逃避学习和劳动的；

（五）其他需要认定为顽固犯的。

有下列情形之一的，认定为危险犯：

（一）有自伤、自残、自杀危险的；

（二）有逃跑、行凶、破坏等犯罪倾向的；

（三）有重大犯罪嫌疑的；

（四）隐瞒真实姓名、身份的；

（五）其他需要认定为危险犯的。

**第二十二条** 监狱应当对顽固犯、危险犯制定有针对性的教育改造方案，建立教育转化档案，指定专人负责教育转化工作。必要时，可以采取集体攻坚等方式。

**第二十三条**　顽固犯和危险犯的认定与撤销，由监区或者直属分监区集体研究，提出意见，分别报监狱教育改造、狱政管理部门审核，由主管副监狱长审定。

## 第四章　思想、文化、技术教育

**第二十四条**　监狱应当办好文化技术学校，对罪犯进行思想、文化、技术教育。

成年罪犯的教学时间，每年不少于500课时；未成年犯的教学时间，每年不少于1000课时。

**第二十五条**　罪犯必须接受监狱组织的思想教育。思想教育包括以下内容：

（一）认罪悔罪教育；

（二）法律常识教育；

（三）公民道德教育；

（四）劳动常识教育；

（五）时事政治教育。

**第二十六条**　监狱组织的文化教育，应当根据罪犯不同的文化程度，分别开展扫盲、小学、初中文化教育，有条件的可以开展高中（中专）教育。鼓励罪犯自学，参加电大、函大、高等教育自学考试，并为他们参加学习和考试提供必要的条件。

尚未完成国家规定的九年制义务教育，年龄不满45周岁，能够坚持正常学习的罪犯，应当接受义务教育；已完成义务教育或者年龄在45周岁以上的罪犯，鼓励其参加其他文化学习。

**第二十七条**　监狱应当根据罪犯在狱内劳动的岗位技能要求和刑满释放后就业的需要，组织罪犯开展岗位技术培训和职业技能教育。

年龄不满50周岁，没有一技之长，能够坚持正常学习的罪犯，应当参加技术教育；有一技之长的，可以按照监狱的安排，选择学习其他技能。

**第二十八条**　监狱组织开展思想、文化、技术教育，其教员可以从本监狱的人民警察中选任，也可以从社会上符合条件的人员中聘任。

对罪犯的文化、技术教育，可以在本监狱选择服刑表现较好、有文化技术专长的罪犯协助。

**第二十九条** 监狱应当积极与当地教育、劳动和社会保障行政部门以及就业培训机构联系，在狱内文化、技术教育的专业设置、教学安排、师资培训、外聘教师、教研活动、考试（考核）和颁发学历、学位（资格）证书等方面取得支持和帮助。

**第三十条** 监狱应当积极利用社会资源，开展罪犯文化、技术教育，根据罪犯刑满释放后的就业需要，开设不同内容、种类的培训班。

**第三十一条** 监狱对罪犯开展的思想教育和扫盲、小学、初中文化教育，使用司法部监狱管理局统一编写的教材。

## 第五章 监区文化建设

**第三十二条** 监狱应当组织罪犯开展丰富多彩的文化、体育等活动，加强监区文化建设，创造有益于罪犯身心健康和发展的改造环境。

**第三十三条** 监狱应当办好图书室、阅览室、墙报、黑板报，组织开展经常性的读书、评报活动。

监狱图书室藏书人均不少于10本。

**第三十四条** 监狱应当根据自身情况，成立多种形式的文艺表演队、体育运动队等，组织罪犯开展文艺、体育活动。

**第三十五条** 监狱应当根据条件，组织罪犯学习音乐、美术、书法等，开展艺术和美育教育。

**第三十六条** 监狱应当建立电化教育系统、广播室，各分监区要配备电视，组织罪犯收听、收看新闻及其他有益于罪犯改造的广播、影视节目。

**第三十七条** 监狱应当根据教育改造罪犯的需要，美化监区环境，规范监区环境布置。

**第三十八条** 监狱应当在国庆节、国际劳动节、元旦、春节和重大庆祝、纪念活动，以及每月的第一天，组织罪犯参加升挂国旗仪式。

## 第六章 社会帮教

**第三十九条** 监狱应当积极争取社会各个方面和社会各界人士的支持，配合监狱开展有益于罪犯改造的各种社会帮教活动。

**第四十条** 监狱应当与罪犯原所在地的政府、原单位（学校）、亲属联系，签订帮教协议，适时邀请有关单位和人士来监狱开展帮教工作；监狱也可以组织罪犯到社会上参观学习，接受教育。

**第四十一条**　监狱应当鼓励和支持社会志愿者参与对罪犯进行思想、文化、技术教育等方面的帮教活动，并为其帮教活动提供便利。

**第四十二条**　监狱应当为罪犯获得法律援助提供帮助，联系、协调当地法律援助机构为罪犯提供法律援助服务。

## 第七章　心理矫治

**第四十三条**　监狱应当开展对罪犯的心理矫治工作。心理矫治工作包括：心理健康教育，心理测验，心理咨询和心理疾病治疗。

**第四十四条**　监狱应当建立心理矫治室，配置必要的设备，由专业人员对罪犯进行心理矫治。

**第四十五条**　监狱应当对罪犯进行心理健康教育，宣传心理健康知识，使罪犯对心理问题学会自我调节、自我矫治。

**第四十六条**　监狱应当在罪犯入监教育、服刑改造中期、出监教育期间对罪犯进行心理测验，建立心理档案，为开展有针对性的思想教育和心理矫治提供参考，对重新犯罪的倾向进行预测。

**第四十七条**　监狱应当配备专门人员，对罪犯提供心理咨询服务，解答罪犯提出的心理问题。

**第四十八条**　监狱对有心理疾病的罪犯，应当实施治疗；对病情严重的，应当组织有关专业人员会诊，进行专门治疗。

**第四十九条**　监狱从事心理测验、心理咨询工作的人员应当具备以下条件：

（一）取得心理咨询员、心理咨询师、高级心理咨询师等国家职业资格证书；

（二）具有强烈的事业心和高度的责任感；

（三）具有良好的品行和职业道德。

监狱可以聘请社会专业人员参与对罪犯的心理矫治工作。

## 第八章　激励措施

**第五十条**　监狱应当采取措施，激励罪犯接受改造，在教育改造工作中注重发挥改造积极分子的典型示范作用。

**第五十一条**　监狱和省、自治区、直辖市监狱管理局应当每年分别组织评选本监狱和本地区的改造积极分子。

改造积极分子的条件：认罪悔罪，积极改造；自觉遵守法律、法规、规章和监规纪律；讲究文明礼貌，乐于助人；认真学习文化知识和劳动技能，成绩突出；积极参加劳动，完成劳动任务；达到计分考核奖励条件。

**第五十二条** 监狱评选改造积极分子，应当在完成年终评审的基础上，由分监区召集罪犯集体评议推荐，全体警察集体研究，报监区长办公会审议，确定人选。直属分监区或者未设分监区的监区，其人选由分监区或者监区召集罪犯集体评议推荐，全体警察集体研究确定。

监区或者直属分监区确定人选后，填写《改造积极分子审批表》，报监狱教育改造部门审核，在本监狱内履行公示程序后，提交监狱长办公会审定。

**第五十三条** 监狱对改造积极分子人选实行公示的期限为七个工作日。公示期内，如有监狱人民警察或者罪犯对人选提出异议，由监狱教育改造部门进行复核，并告知复核结果。

**第五十四条** 省、自治区、直辖市监狱管理局评选本地区改造积极分子，由监狱根据下达的名额，从连续两年被评为监狱改造积极分子的罪犯中提出人选，报监狱管理局教育改造部门审核，由局长办公会审定。

## 第九章 出监教育

**第五十五条** 监狱对即将服刑期满的罪犯，应当集中进行出监教育，时限为三个月。

**第五十六条** 监狱组织出监教育，应当对罪犯进行形势、政策、前途教育，遵纪守法教育和必要的就业指导，开展多种类型、比较实用的职业技能培训，增强罪犯回归社会后适应社会、就业谋生的能力。

**第五十七条** 监狱应当邀请当地公安、劳动和社会保障、民政、工商、税务等部门，向罪犯介绍有关治安、就业、安置、社会保障等方面的政策和情况，教育罪犯做好出监后应对各方面问题的思想准备，使其顺利回归社会。

**第五十八条** 监狱应当根据罪犯在服刑期间的考核情况、奖惩情况、心理测验情况，对其改造效果进行综合评估，具体评价指标、评估方法，另行规定。

**第五十九条** 监狱应当在罪犯刑满前一个月，将其在监狱服刑改造的评估意见、刑满释放的时间，本人职业技能特长和回归社会后的择业意向，以及对地方做好安置帮教工作的建议，填入《刑满释放人员通知书》，寄送服刑人员原户籍所在地的县级公安机关和司法行政机关。

**第六十条**　监狱应当对刑满释放人员回归社会后的情况进行了解，评估教育改造工作的质量和效果，总结推广教育改造工作的成功经验，不断提高监狱教育改造工作的质量。

## 第十章　附　　则

**第六十一条**　对未成年犯的教育改造工作，依照《未成年犯管教所管理规定》（司法部令第56号）的有关规定执行；未作规定的，依照本规定执行。

**第六十二条**　本规定由司法部解释。

**第六十三条**　本规定自2003年8月1日起施行。

## 监狱服刑人员行为规范

中华人民共和国司法部令

（第 88 号）

《监狱服刑人员行为规范》已经 2004 年 3 月 2 日司法部部务会议审议通过，现予发布，自 2004 年 5 月 1 日起施行。1990 年 11 月 6 日司法部第 12 号令《罪犯改造行为规范》同时废止。《监狱服刑人员行为规范》是罪犯接受改造必须遵守的行为准则，是考核罪犯改造表现的一项基本内容，是实施奖惩的重要依据。

部长　张福森

二〇〇四年三月十九日

### 第一章　基本规范

**第一条**　拥护宪法，遵守法律法规规章和监规纪律。

**第二条**　服从管理，接受教育，参加劳动，认罪悔罪。

**第三条**　爱祖国，爱人民，爱集体，爱学习，爱劳动。

**第四条**　明礼诚信，互助友善，勤俭自强。

**第五条**　依法行使权利，采用正当方式和程序维护个人合法权益。

**第六条**　服刑期间严格遵守下列纪律：

（一）不超越警戒线和规定区域、脱离监管擅自行动；

（二）不私藏现金、刃具等违禁品；

（三）不私自与外界人员接触，索取、借用、交换、传递钱物；

（四）不在会见时私传信件、现金等物品；

（五）不擅自使用绝缘、攀援、挖掘物品；

（六）不偷窃、赌博；

（七）不打架斗殴、自伤自残；

（八）不拉帮结伙、欺压他人；

（九）不传播犯罪手段、怂恿他人犯罪；

（十）不习练、传播有害气功、邪教。

### 第二章　生活规范

**第七条**　按时起床，有秩序洗漱、如厕，衣被等个人物品摆放整齐。

**第八条**　按要求穿着囚服，佩戴统一标识。

**第九条**　按时清扫室内外卫生，保持环境整洁。

**第十条**　保持个人卫生，按时洗澡、理发、剃须、剪指甲，衣服、被褥定期换洗。

**第十一条**　按规定时间、地点就餐，爱惜粮食，不乱倒剩余饭菜。

**第十二条**　集体行进时，听从警官指挥，保持队形整齐。

**第十三条**　不饮酒，不违反规定吸烟。

**第十四条**　患病时向警官报告，看病时遵守纪律，配合治疗。不私藏药品。

**第十五条**　需要进入警官办公室时，在门外报告，经允许后进入。

**第十六条**　在野外劳动现场需要向警官反映情况时，在三米以外报告。

**第十七条**　遇到问题，主动向警官汇报。与警官交谈时，如实陈述、回答问题。

**第十八条**　在指定铺位就寝，就寝时保持安静，不影响他人休息。

## 第三章　学习规范

**第十九条**　接受法制、道德、形势、政策等思想教育，认清犯罪危害，矫治恶习。

**第二十条**　接受心理健康教育，配合心理测试，养成健康心理。

**第二十一条**　尊重教师，遵守学习纪律，爱护教学设施、设备。

**第二十二条**　接受文化教育，上课认真听讲，按时完成作业，争取良好成绩。

**第二十三条**　接受技术教育，掌握实用技能，争当劳动能手，增强就业能力。

**第二十四条**　阅读健康有益书刊，按规定收听、收看广播电视。

**第二十五条**　参加文娱活动，增强体质，陶冶情操。

## 第四章　劳动规范

**第二十六条**　积极参加劳动。因故不参加劳动，须经警官批准。

**第二十七条**　遵守劳动纪律，坚守岗位，服从生产管理和技术指导。

**第二十八条**　严格遵守操作规程和安全生产规定，不违章作业。

**第二十九条**　爱护设备、工具。厉行节约，减少损耗，杜绝浪费。

**第三十条** 保持劳动现场卫生整洁，遵守定置管理规定，工具、材料、产品摆放整齐。

**第三十一条** 不将劳动工具和危险品、违禁品带进监舍。

**第三十二条** 完成劳动任务，保证劳动质量，珍惜劳动成果。

## 第五章 文明礼貌规范

**第三十三条** 爱护公共环境。不随地吐痰，不乱扔杂物，不损坏花草树木。

**第三十四条** 言谈举止文明。不讲脏话、粗话。

**第三十五条** 礼貌称谓他人。对人民警察称“警官”，对其他人员采用相应礼貌称谓。

**第三十六条** 服刑人员之间互称姓名，不起（叫）绰号。

**第三十七条** 来宾、警官进入监舍时，除患病和按规定就寝外，起立致意。

**第三十八条** 与来宾、警官相遇时，文明礼让。

# 教育改造罪犯纲要

为进一步提高罪犯改造质量，根据《中华人民共和国监狱法》和《监狱教育改造工作规定》等法律、规章，结合教育改造罪犯工作实际，制定本纲要。

## 一、充分认识教育改造罪犯的重要意义

1. 教育改造罪犯是监狱工作的重要任务。惩罚与改造罪犯，把罪犯改造成为守法公民，是法律赋予监狱的重要职责。多年来，监狱系统在党中央、国务院的正确领导下，深入贯彻党的监狱工作方针，紧紧围绕提高罪犯改造质量，大力开展对罪犯的法制、道德、文化和职业技术等教育，针对不同类型的罪犯，实施有针对性的教育改造工作，并不断改革创新，在罪犯心理矫治、改造评估、服刑指导、教育改造工作社会化等方面进行了积极的探索，取得了显著成绩，对于罪犯在服刑期间提高法律意识和道德观念，掌握文化知识和劳动技能，从而顺利地回归社会，发挥了重要作用。当前，监狱工作面临着前所未有的发展机遇，也面临着严峻的挑战。在人民内部矛盾凸现、刑事犯罪高发、对敌斗争复杂的新形势下，滋生和诱发犯罪的消极因素增多，监狱在押犯的构成日益复杂，重大刑事犯、暴力犯、涉黑涉毒犯等罪犯数量不断增多，与危害国家安全罪犯、“法轮功”罪犯的改造与反改造斗争日益尖锐，改造罪犯的难度加大。从监狱工作情况看，监狱正处于体制转换的重要时期，一方面，监狱体制改革和布局调整工作稳步推进，财政保障力度不断加大，监狱设施明显改善，监狱人民警察队伍素质不断提高；另一方面，一些长期影响和制约监狱工作的深层次矛盾还没有从根本上解决，部分监狱执法环境方面的问题仍然比较突出。从教育改造工作本身来看，教育改造罪犯的科学性有待进一步增强，方式、方法和手段有待进一步完善和创新，教育改造质量有待进一步提高。

2. 提高教育改造质量是构建社会主义和谐社会的客观要求。党的十六届六中全会确立了构建社会主义和谐社会的重大目标任务，提出要加强和谐社会的司法保障，完善刑罚执行制度。构建社会主义和谐社会的目标任务对监狱工作提出了新的更高的要求。把罪犯改造成为守法公民，使他们顺利回归社会，减少重新违法犯罪，是最大限度地减少不和谐因素、最大限度地增加和谐因素的重要工作，是维护社会稳定、构建社会主义和谐社会的客观要求。要积极探

索、切实把握新形势下罪犯改造工作的规律，创新改造理念，完善改造手段，充分发挥教育改造在矫治犯罪思想、传授知识等方面的作用，充分发挥劳动改造在矫正罪犯恶习、培养劳动习惯、培训劳动技能等方面的作用，充分发挥心理咨询、心理矫治在罪犯改造工作中的重要作用，切实提高罪犯教育改造质量，为减少重新违法犯罪、维护社会和谐稳定做出更大的贡献。

**二、教育改造罪犯的指导思想、主要目标和基本原则**

3. 教育改造罪犯的指导思想是：以邓小平理论和“三个代表”重要思想为指导，全面贯彻落实科学发展观，牢固树立社会主义法治理念，按照构建社会主义和谐社会的总要求，贯彻“惩罚与改造相结合，以改造人为宗旨”的监狱工作方针，紧紧围绕提高罪犯改造质量，坚持以人为本，充分发挥管理、教育、劳动改造手段的作用，发挥心理矫治的重要作用，推进教育改造罪犯工作的法制化、科学化、社会化，把罪犯改造成为守法公民。

4. 教育改造罪犯的主要目标是：在罪犯服刑期间，通过各种教育改造手段和方法，使其成为守法守规的服刑人员。守法守规服刑人员的基本条件是：认罪悔罪、遵守规范、认真学习、积极劳动。

——认罪悔罪：承认犯罪事实，认清犯罪危害，对自己的犯罪行为表示悔恨，服从法院判决，不无理缠诉。

——遵守规范：遵守法律、法规，遵守服刑人员基本规范、生活规范、学习规范、劳动规范、文明礼貌规范。

——认真学习：积极接受思想、文化、职业技术等教育，遵守学习纪律，学习成绩达到要求。

——积极劳动：积极参加劳动，遵守劳动纪律，服从生产管理和技术指导，掌握基本劳动技能，严格遵守操作规程，保证劳动质量，完成劳动任务。

罪犯刑满释放时，符合守法守规服刑人员条件的，要逐步达到当年释放人数的90%以上。

5. 教育改造罪犯的基本原则：

——以人为本，重在改造。教育改造罪犯，要充分了解和掌握罪犯的思想动态，充分考虑罪犯的自身情况，着眼于罪犯顺利回归社会，采取有针对性的改造措施。

——标本兼治，注重实效。教育改造罪犯，要把规范罪犯行为与矫正罪犯犯罪意识有机地结合起来，增强各种改造手段和措施的实际效果。

——因人施教，突出重点。教育改造罪犯，要根据不同类型、不同罪犯的实际情况，实施分类教育和个别教育，尤其对重点类型、重点罪犯，要重点采取教育改造措施，实现教育改造效果的最大化。

——循序渐进，以理服人。教育改造罪犯，应当按照罪犯的思想转化规律，制定工作计划，分阶段、有步骤地实施；要坚持摆事实、讲道理，对罪犯开展耐心细致的说服教育工作。

**三、教育改造罪犯的主要内容和要求**

6. 教育改造罪犯的主要内容：

对新入监罪犯的教育；

对罪犯的法律常识和认罪悔罪教育；

对罪犯的公民道德和时事政治教育；

对罪犯的文化教育；

对罪犯的劳动和职业技术教育；

对罪犯的心理健康教育；

对即将出监罪犯的教育。

7. 教育改造罪犯的教学时间：成年罪犯的教学时间，每年不少于500课时。

8. 对新入监罪犯的教育。对新入监的罪犯，应当建立服刑改造专档，集中进行两个月的入监教育。重点是开展法律常识教育和认罪悔罪教育，使罪犯了解在服刑期间享有的权利和应当履行的义务，了解和掌握服刑人员的行为规范。要教育引导罪犯认罪悔罪，明确改造目标，适应服刑生活。

要用科学的手段和方法，了解掌握新入监罪犯的基本情况、认罪态度和思想动态，对其危险程度、恶性程度、改造难度进行评估，提出关押和改造建议。

入监教育结束后，监狱要进行考核。对考核不合格的，应当延长入监教育时间，时限为一个月。

9. 对罪犯的法律常识和认罪悔罪教育。针对罪犯不懂法、不守法、法律意识淡薄等情况，开展法律常识教育，使罪犯了解基本的法律知识，树立尊重和遵守法律的意识和观念。

要组织罪犯学习宪法、刑法、刑事诉讼法、监狱法等法律知识，使罪犯掌握基本法律常识，了解公民所享有的权利和应当履行的义务，理解违法犯罪的含义及其法律责任，认识自己的犯罪行为给社会带来的危害，增强他们的法律意识，引导他们自觉守法。

要组织罪犯学习民法通则、物权法、继承法、婚姻法、合同法、劳动法等法律知识，使罪犯了解依法解决民事纠纷的途径，懂得利用法律维护国家、集体利益和个人的合法权益。

罪犯刑满释放时，法律常识教育合格率应当达到95%以上。

要在法律常识教育的基础上，深入开展对罪犯的认罪悔罪教育。要教育罪犯运用所学法律知识，联系自己犯罪实际，明白什么是犯罪，认清罪与非罪的界限，承认犯罪事实；要指导罪犯正确对待法院判决，正确处理申诉与服刑改造的关系，使罪犯认罪服判。

10. 对罪犯的公民道德和时事政治教育。开展公民道德教育，使罪犯明确社会主义道德的基本原则和要求，认识正确处理个人、集体、他人的关系在社会生活中的重要意义，提高道德认识水平，培养遵守社会主义道德的自觉性。

要对罪犯进行中华传统美德教育，使罪犯了解中华民族优秀的民族品质、优良的民族精神、崇高的民族气节、高尚的民族情感和良好的民族礼仪。要对罪犯进行世界观、人生观、价值观的教育，使罪犯科学认识世界，明确人生目的，反思人生教训，端正人生态度，引导罪犯树立正确的世界观、人生观、价值观，正确对待人生道路上的失败与挫折。要对罪犯进行道德修养教育，教育罪犯掌握道德修养的正确方法，从小事做起，敢于自我解剖，严格要求自己，养成良好的道德品质。

要把社会主义荣辱观教育作为道德教育的重要内容，使罪犯牢记“八荣八耻”的主要内容，以正确的荣辱观规范自己的言行，养成良好的行为习惯。

罪犯刑满释放时，道德常识教育合格率应当达到95%以上。

要对罪犯进行时事政治教育，深入开展以科学发展观、构建社会主义和谐社会等重大战略思想为重点的思想政治教育，深入开展以国家改革开放和现代化建设取得的巨大成就为重点的形势教育，深入开展以近期国际、国内发生的重大事件，特别是与罪犯关系密切的事件为主要内容的时事教育，教育引导罪犯充分认识国家经济社会发展、社会和谐稳定的大好形势，消除思想疑虑，增强改造的信心。

11. 对罪犯的文化教育。针对罪犯的不同文化程度，分别开展扫盲、小学、初中文化教育，有条件的可以开展高中阶段教育。尚未完成义务教育、不满45周岁、能够坚持正常学习的罪犯，应当接受义务教育。

对罪犯的文化教育，以扫盲和小学教育为重点，文盲罪犯应当在入监两年内脱盲，脱盲比例达到应脱盲人数的95%以上。罪犯刑满释放时，小学文化程度以上的应当逐步达到应入学人数的90%以上。

对已完成义务教育的罪犯，鼓励其参加电大、函大、高等教育自学考试或者其他类型的学习。

12. 对罪犯的劳动和职业技术教育。要结合罪犯实际，教育罪犯认识劳动的重要意义，引导罪犯树立正确的劳动意识，培养积极的劳动观念，养成良好的劳动习惯。

要根据罪犯在狱内劳动的岗位技能要求和刑满释放后就业的需要，组织罪犯开展岗位技术培训和职业技能教育。年龄不满50周岁、没有一技之长、能够坚持正常学习的罪犯，都应当参加技术教育。有一技之长的，可以按照监狱的安排，选择学习其他技能。对罪犯的岗位技术培训，要按照岗位要求进行"应知"、"应会"培训和必需的安全教育培训；对罪犯的职业技能教育应当按照劳动和社会保障部门的标准进行。

罪犯刑满释放前，取得职业技能证书的应当逐步达到应参加培训人数的90%以上。

13. 心理健康教育。针对罪犯心理调节能力和心理承受能力普遍较弱，容易发生心理问题的情况，要在罪犯中普遍开展心理健康教育，引导罪犯树立关于心理健康的科学观念，懂得心理健康的表现与判断标准，了解影响心理健康的因素及其关系，对自身出现的心理问题学会自我调适或主动寻求心理辅导和咨询，增强心理承受和自我调控情绪的能力，提高心理素质。

要帮助罪犯找出导致违法犯罪的心理根源，学会矫正和克服的相应办法。引导罪犯加强与他人的交流与沟通，培养建立和谐人际关系的能力。

对罪犯开展心理健康教育的普及率，应当达到应参加人数的100%。

14. 对即将出监罪犯的教育。要根据罪犯回归社会的实际需要，对即将出监的罪犯集中进行三个月的出监教育，重点是进行形势、政策、前途教育，遵纪守法教育。可以邀请当地有关部门向罪犯介绍有关社会治安、就业形势等情况。要对每一名即将服刑期满的罪犯进行谈话教育，使其做好出监准备。

要大力加强对罪犯回归社会前的就业指导，开展多种类型、比较实用的职业技能培训，增强罪犯回归社会后适应社会、就业谋生的能力。

要对罪犯整个服刑期间的表现进行综合评估，并依照有关规定，向罪犯原户籍所在地的公安机关和司法行政机关提供评估意见和建议。

要做好监狱刑罚执行与社区矫正的衔接工作，把符合法定条件的在押罪犯逐步纳入社区矫正，使他们顺利融入社会，努力预防和减少重新违法犯罪。

## 四、教育改造罪犯工作的实施

15. 切实加强对教育改造罪犯工作的领导。各地司法厅（局）和监狱管理机关要充分认识教育改造罪犯的重要意义，真正把改造罪犯工作放到构建社会主义和谐社会的大局中统筹考虑，统一部署，坚持由主要领导抓改造，主要资源用于改造，主要时间花在改造上。要建立工作责任制，把改造罪犯工作的各项任务分解落实到有关部门和人员，纳入年终目标考核体系，把教育改造质量作为衡量监狱工作成效和考核领导干部任期目标责任制的主要内容。

16. 充分发挥公正、文明执法对罪犯的教育改造作用。要教育引导监狱人民警察进一步端正执法思想，忠诚履行法定职责。要建立规范的内部执法工作程序和执法责任制，细化执法程序，规范执法行为，提高监狱执法的规范化和公信力。要严格公正执法，进一步增强依法保障罪犯合法权利的意识。要严格文明执法，坚决杜绝打骂、体罚、虐待罪犯等违法违纪行为。要建立健全监督机制，将监狱执法活动置于全方位、全过程的监督之下，重点加强对容易发生违法、违规等关键岗位和环节的监督。要深化狱务公开，以公开促进执法公正，努力实现法律效果与社会效果的统一。

17. 充分发挥正规管理对罪犯的约束、引导、激励作用。要进一步强化管理意识，坚持依法管理、严格管理、科学管理、文明管理。要进一步规范管理程序，明确管理要求，突出管理重点，提高管理质量。要着力健全完善对罪犯的日常管理制度，不断提高管理水平。要健全完善责任追究制度，加强对制度执行情况的督促检查，加大查处违反制度行为的力度，坚决维护制度的权威性和严肃性。

18. 强化劳动对罪犯的教育矫治功能。要教育罪犯树立有劳动能力必须参加劳动的观念，为罪犯提供劳动岗位；要强化劳动组织管理，提高罪犯技术水平，积极开展技术革新，不断提高劳动效率，使罪犯了解市场经济对劳动者的技术水平和团结协作精神的要求；要依法保障罪犯的合法权益，为罪犯提供必需的劳动保护，依法科学合理安排劳动工时，严禁超时、超体力劳动。要积极创造条件，依法落实罪犯的劳动报酬和劳动保险。要充分调动罪犯参加劳动的积极性，使罪犯通过劳动树立与社会主义市场经济相适应的新型劳动观念，掌握劳动技能，养成职业道德。

19. 突出个别教育和分类教育的改造作用。监狱要根据每一名罪犯的具体情况，实施有针对性的个别教育。要严格执行“十必谈”的规定，每月对每一名罪犯至少进行一次个别谈话教育，并根据不同罪犯的思想状况和动态，采取有针对性的管理教育措施。对顽固犯、危险犯，要指定专人负责管理教育工作，顽固犯的年转化率应当达到50%以上；对危险犯，要努力消除危险。要总结解决常见疑难问题的经验，积累改造资料，编写改造案例。要深入研究不同类型罪犯的教育改造方法，进一步提高教育改造罪犯的针对性。

20. 发挥心理矫治对罪犯心理的调适、干预作用。对罪犯要普遍开展心理测验，了解和掌握罪犯的心理特征和行为倾向，通过心理咨询实施有效干预，使罪犯消除心理障碍，学会自我调适，恢复健康心理。对有心理疾病的罪犯，应当予以治疗。要注意收集、积累心理矫治个案，注重发挥个案的指导作用。要认真研究罪犯心理的新变化，进一步规范心理矫治工作。

21. 发挥改造环境和监狱文化氛围对罪犯的熏陶作用。要为罪犯营造良好的改造环境，做到规划合理，设施齐全，环境美化，监区整洁。要广泛开展丰富多彩的文化、体育活动，定期举行文艺演出、体育比赛，组织罪犯学习音乐、美术、书法等，丰富罪犯文化生活，陶冶罪犯情操，使罪犯在文明、人道，有利于身心健康，有利于矫治恶习，有利于重返社会的氛围中得到改造。

22. 利用社会资源，加大对罪犯的教育改造力度。要进一步强化教育改造工作的社会性，注意发挥社会和家庭在罪犯改造中的作用，动员和利用社会力量，参与、支持罪犯改造工作。要与社会有关部门合作，签订帮教协议，开展联合办学、设立流动图书馆和狱内法律服务机构等，建立起多层次、全方位的社会帮教体系。要充分利用社会力量，建立一支相对稳定的帮教志愿者队伍，积极争取政府机关、社会团体、企事业组织和热心社会公益事业，关心监狱工作的各类社会人士参与，为教育改造罪犯提供服务。

23. 发挥现代科学技术对教育改造罪犯的促进作用。要倡导科学的理念，用科学的理论、思维和方法，研究和把握工作规律，改革和完善监狱工作体制和机制，探索罪犯改造工作的有效途径和方法，增强教育改造的有效性。加大利用现代信息技术开展教育改造工作的力度，不断提高监狱计算机和网络的普及应用程度，利用网络教育、多媒体教育和远程教育，实现资源共享，科学合理配置监狱的人力、物力、财力等各种资源，提高教育改造工作的科技含量。

24. 探索建立改造罪犯评估工作机制。要积极创造条件，开展对罪犯的改造评估工作，按照认罪悔罪、遵守规范、认真学习、积极劳动的要求，分阶段对罪犯进行评估，并据此制定和调整改造方案，开展有针对性的改造工作。

25. 不断创新改造罪犯的方式、方法。要坚持和完善过去行之有效的经验和做法，同时，适应新世纪新阶段对监狱工作的新的要求，积极探索改造罪犯的新的方式、方法和新的手段，增强改造的实际效果。

26. 重视对未成年犯的教育改造。要贯彻“惩罚和改造相结合，以改造人为宗旨”和“教育、感化、挽救”的方针，做好对未成年犯的教育改造工作。对未成年犯的改造，要根据未成年犯的生理、心理、行为特点，以教育为主。要坚持因人施教、以理服人，采取形式多样的教育改造方式，实行依法、科学、文明、直接管理。对未成年犯进行思想、文化、技术教育的教学时间，每年不少于1000课时。未成年犯的劳动，以学习、掌握技能为主；劳动时间，每天不超过4小时，每周不超过20小时。16周岁以下的未成年犯不参加生产劳动。

**五、教育改造罪犯工作的保障措施**

27. 落实教育改造罪犯的各项保障措施。在人员配备、经费保障、设施、场所、调研、督导、表彰等方面切实采取措施，为教育改造罪犯工作的顺利开展提供有力保障。监狱应当依照规定设立教室、谈话室、文体活动室、图书室、阅览室、电化教育室、心理咨询室等教育改造场所，同时配备相应的设施。要按照财政部、司法部《关于调整监狱基本支出标准的通知》（财行〔2007〕28号）的要求，落实教育改造罪犯经费。要加强对教育改造经费使用的监督，统筹安排，确保专款专用。

28. 大力培养教育改造罪犯工作的专业化人才。要充实基层力量，每一个监区都要设置专人负责本监区罪犯的教育改造工作。要采取多种方式，定期对从事教育改造工作的监狱人民警察进行专业培训，提高他们的政治素质和业务素质，适应新时期改造罪犯工作的需要。要注意引进教育改造罪犯的专业人才，提高专业化工作水平。要建立教育改造专家库，发挥这部分专家对罪犯的改造作用。

29. 加强对改造罪犯工作的研究。认真分析研究新时期教育改造罪犯出现的新情况、新问题，寻找一般性的规律，寻求解决问题的方法和措施，不断丰富教育改造罪犯的理论与实践，推进改造罪犯工作的深入发展。

30. 加大督导检查和总结表彰力度。上级司法行政机关和监狱管理部门对监狱开展教育改造工作的情况要定期进行督导检查，切实保证国家有关监狱工作方针、政策、法律、法规的贯彻执行，以及教育改造罪犯的目标和各项工作措施的实现。督导检查结果要与考核奖惩挂钩。要加强对教育改造罪犯工作的总结表彰，对教育改造罪犯工作成绩突出的单位和个人，要大力宣传表彰，并给予必要的精神和物质奖励。

# 司法部关于进一步加强监狱教育改造罪犯工作考核的通知

（2008年12月23日　司发通〔2008〕174号）

各省、自治区、直辖市司法厅（局），新疆生产建设兵团司法局、监狱管理局：

加强教育改造罪犯工作，是贯彻落实科学发展观、构建社会主义和谐社会的必然要求，是坚持把刑释解教人员重新违法犯罪率作为衡量监管工作的首要标准的必然要求，也是确保监狱持续安全稳定的重要保证。加强教育改造罪犯工作考核，保证《教育改造罪犯纲要》各项任务落到实处，对提高教育改造罪犯工作水平具有十分重要的意义。

多年来，监狱工作坚持"惩罚与改造相结合，以改造人为宗旨"的方针，将改造人放在工作第一位，罪犯改造质量不断提高，教育改造工作取得了显著成效，为维护社会稳定和构建和谐社会做出了重要贡献。为进一步加强对罪犯的教育改造工作，强化教育改造工作各项制度和措施的落实，切实提高教育改造罪犯质量，推动监狱工作全面发展，为社会稳定做出更大的贡献，司法部制定了《监狱教育改造罪犯工作目标考评办法》和《监狱教育改造罪犯工作目标考评评分标准》，请结合本地实际，贯彻执行。

特此通知。

附件：

1. 监狱教育改造罪犯工作目标考评办法
2. 监狱教育改造罪犯工作目标考评评分标准

## 附件1 监狱教育改造罪犯工作目标考评办法

### 第一章 总　　则

**第一条** 为科学评价监狱教育改造罪犯工作，提高罪犯改造质量，降低刑满释放人员重新犯罪率，根据《中华人民共和国监狱法》等法律及司法部相关规定，结合监狱工作实际，制定本办法。

**第二条** 监狱教育改造罪犯工作目标考评，依据《教育改造罪犯纲要》，突出量化指标和保障措施，结合具体工作实施，客观评价监狱教育改造罪犯工作水平。

**第三条** 对监狱教育改造罪犯工作目标考评，由监狱的上一级管理机关定期组织进行。考评结果作为评判监狱工作成效和考核监狱领导班子、监狱警察业绩的重要依据，定期予以通报。

### 第二章 考评标准

**第四条** 监狱教育改造罪犯工作目标考评应当包括下列内容：

（一）罪犯守法守规率；

（二）法制教育合格率；

（三）道德教育合格率；

（四）文化教育合格率；

（五）职业技术教育合格率；

（六）心理健康教育普及率；

（七）新入监罪犯心理测试率；

（八）顽固犯转化率和危险犯的撤销率；

（九）出监罪犯评估率；

（十）教育改造罪犯工作保障。

**第五条** 罪犯守法守规率（10分）

1\. 指标要求。年度刑满释放人员中，90%以上为守法守规服刑人员。

2\. 标准界定。守法守规服刑人员，是指能够认罪悔罪、遵守规范、认真学习、积极劳动，在服刑期间没有受到警告、记过、禁闭处分的服刑人员。

**第六条** 法制教育合格率（10分）

1\. 指标要求。年度刑满释放人员中，95%以上法律常识教育合格。

2. 工作要求。对罪犯开展全面的法律常识教育和认罪悔罪教育。

3. 标准界定。法律常识教育合格，是指参加规定的法律常识教育课程学习，考试成绩及格。认罪悔罪是指承认犯罪事实，认清犯罪危害，对自己的行为表示悔恨，服从法院判决，不无理缠诉。

**第七条**　道德教育合格率（10 分）

1. 指标要求。年度刑满释放人员中，95%以上道德常识教育合格。

2. 工作要求。对罪犯开展全面的道德常识教育。道德常识教育的内容包括公民道德、中华传统美德、世界观、人生观、价值观、社会主义荣辱观、道德修养等。

3. 标准界定。道德常识教育合格，是指参加道德常识教育所包括的所有内容的学习，考试成绩及格。

**第八条**　文化教育合格率（10 分）

1. 指标要求。年度刑满释放人员中，脱盲人员达到应脱盲人数的 95%以上；小学文化程度以上的达到应入学人数的 90%以上。

2. 工作要求。对新入监罪犯进行文化程度测查，针对不同文化程度，分别开展扫盲、小学、初中文化教育；对文盲罪犯，应当在两年内完成扫盲教育；对尚未完成义务教育、不满 45 周岁、能够坚持正常学习的罪犯，应当开展义务教育；对已完成义务教育的罪犯，有条件的可以开展高中（中专）教育，鼓励罪犯参加电大、函大、高等教育自学考试或者其他类型的学习，并为他们参加学习和考试提供必要的条件。

3. 标准界定。脱盲，是指文盲罪犯参加所有扫盲课程学习，考试成绩及格；应脱盲罪犯，是指能够坚持正常学习的文盲罪犯。小学文化教育合格，是指小学教育应入学罪犯，参加所有小学文化课程学习，考试成绩及格；小学教育应入学罪犯，是指未完成小学教育，年龄不满 45 周岁，能够坚持正常学习的罪犯。

**第九条**　职业技术教育合格率（10 分）

1. 指标要求。年度刑满释放人员中，取得职业技能证书的达到应参加培训人数的 90%以上。

2. 工作要求。结合罪犯实际，开展劳动意义、劳动意识、劳动观念教育；组织罪犯开展岗位技术培训和多样性的职业技能培训。

3. 标准界定。职业技能证书，是指人力资源和社会保障部门颁发的职业技能证书；应参加培训罪犯，是指年龄不满 50 周岁、没有一技之长、能够坚持正常学习的罪犯；岗位技术培训，是指根据罪犯在狱内劳动的岗位技能要求，进行的“应知”、“应会”培训和必要的安全教育培训；职业技能培训，是指按照人力资源和社会保障部门制定的标准进行的技能培训。

**第十条** 心理健康教育普及率（10 分）

1. 指标要求。对罪犯开展心理健康教育的普及率，达到应参加人数的 100%。

2. 工作要求。对罪犯开展心理健康教育，并有针对性地开展心理矫治工作。

3. 标准界定。应参加心理健康教育的罪犯，是指无严重精神疾病，能够坚持正常学习的罪犯。

**第十一条** 新入监罪犯心理测试率（7 分）

1. 指标要求。本年度新入监的罪犯，心理测试率达到应测试人数的 100%。

2. 工作要求。运用心理测试量表等科学方法，对罪犯进行个体分析和心理测验，进行危险程度、恶性程度和改造难度评估。

3. 标准界定。应测试罪犯，是指具备小学以上（含）文化程度，能正常进行测试的罪犯。对新入监罪犯的心理测试应当在罪犯入监 2 周、基本熟悉服刑生活后进行。

**第十二条** 顽固犯转化率和危险犯的撤销率（12 分）

1. 指标要求。对已确定的顽固犯，年转化率达到 50%以上；对危险犯要努力消除危险。

2. 工作要求。建立对顽固犯和危险犯的认定和教育转化制度，严格认定和撤销程序，建立专档，指定专人负责管理教育。

3. 标准界定。顽固犯是指有拒不认罪、无理纠缠，打击先进、拉拢落后、经常散布反改造言论，屡犯监规、经常打架斗殴、抗拒管教，无正当理由经常逃避学习和劳动及其他需要认定为顽固犯情形之一的罪犯；危险犯是指有自伤、自残、自杀危险，有逃跑、行凶、破坏等犯罪倾向，有重大犯罪嫌疑，隐瞒真实姓名、身份和其他需要认定为危险犯情形之一的罪犯；顽固犯和危险犯的认定与撤销，由监区集体研究，提出意见，报监狱教育改造、狱政管理部门审核，由分管副监狱长审定。

**第十三条** 出监罪犯评估率（10 分）

1. 指标要求。年度刑满释放人员中，开展出监评估的罪犯达到 100%。

2. 工作要求。对即将出监的罪犯，根据其原判案情、刑期、服刑改造表现、奖惩情况，运用心理学等相关知识和技术，进行全面评估，并就评估结果，向罪犯原户籍所在地的司法行政机关提供书面评估意见和建议。

3. 标准界定。对即将出监罪犯的评估，是指在罪犯服刑期满前，

对罪犯社会适应能力、重新违法犯罪的可能性进行的评估。

**第十四条** 教育改造罪犯工作保障（11 分）

1. 指标要求。监狱主要领导主抓改造，副监狱长分工专抓教育改造；监狱长办公会每季度至少专题研究一次教育改造工作。监狱教育改造罪犯所需硬件设施完备。教育改造经费足额到位，专款专用。成年罪犯的教育改造教学时间每年不少于 500 课时，未成年犯不少于 1000 课时；入监教育时间为 2 个月，考核不合格的，延长一个月；出监教育时间为 3 个月。

2. 标准界定。主要领导是指监狱长和政委；教育改造罪犯所需硬件设施，是指《监狱教育改造工作规定》明确规定的各项硬件设施。教育改造经费是监狱基本支出经费标准中明确规定的教育改造费。教育改造教学时间包括课堂化教育时间和罪犯参加文艺、体育等监区文化活动的时间，未成年犯的教学时间还包括以课堂教育形式进行的习艺劳动教育指导时间。

## 第三章 考核评价

**第十五条** 监狱教育改造工作考评，采取百分考核的方式，根据本办法规定的考评标准，按照《监狱教育改造罪犯工作目标考评评分标准》逐项进行考核，作出整体评价。

**第十六条** 根据考核得分情况，考核结果区分为优秀、良好、合格、不合格四个等次。综合得分在 90 分（含）以上的为优秀；80 分（含）以上、90 分以下的为良好；60 分（含）以上、80 分以下的为合格；60 分以下的为不合格。

## 第四章 附 则

**第十七条** 本办法自印发之日起执行。

## 附件2　监狱教育改造罪犯工作目标考评评分标准

| 序号 | 项目 | 分值 | | 考评内容 | 评分标准 | 考评方法 |
|---|---|---|---|---|---|---|
| 一 | 罪犯守法守规率 | 10 | 10 | 达标情况 | 每降低1个百分点，扣1分。 | 查阅考评期内刑满释放罪犯档案和罪犯奖惩记录等。 |
| 二 | 法制教育合格率 | 10 | 5 | 达标情况 | 每降低1个百分点，扣0.6分。 | 查阅考评期内刑满释放罪犯教育档案、试卷和教育登记台帐、统计表等。 |
| | | | 5 | 工作开展情况 | 教育内容中每缺一项法律，扣0.5分；未开展认罪悔罪教育的，扣0.5分。 | 查阅教育计划、教案和教学记录；查阅教育登记台帐、统计表等；询问有关人员了解情况。通过和罪犯谈话了解认罪悔罪教育开展情况。 |
| 三 | 道德教育合格率 | 10 | 5 | 达标情况 | 每降低1个百分点，扣0.6分。 | 查阅考评期内刑满释放罪犯教育档案、试卷和教育登记台帐、统计表等。 |
| | | | 5 | 工作开展情况 | 每缺一项教育内容，扣0.4分。 | 查阅教育计划、教案和教学记录；查阅教育登记台帐、统计报表等；询问有关人员了解情况。 |
| 四 | 文化教育合格率 | 10 | 5 | 达标情况 | 脱盲比例每降低1个百分点，扣0.2分；小学文化程度比率每降低1个百分点，扣0.4分。 | 查阅罪犯教育档案、试卷和教育登记台帐、统计报表等。 |
| | | | 5 | 工作开展情况 | 未开展文化程度测查的，扣1分；未开展扫盲教育的，扣1分；未在入监后两年内脱盲的，一人扣0.1分；未开展小学教育的，扣1分；开展高中以上文化教育的，视情况加0.2—1分。 | 查阅教育计划、教案、作业、试卷和教学记录；查阅教育登记台帐、统计表等；询问相关教育机构。 |

续表

| 序号 | 项目 | 分值 | | 考评内容 | 评分标准 | 考评方法 |
|---|---|---|---|---|---|---|
| 五 | 职业技术教育合格率 | 10 | 5 | 达标情况 | 获证率每降低1个百分点，扣0.6分。 | 查阅考评期内刑满释放罪犯职业技能证书和教育登记台帐、统计表等。 |
| | | | 5 | 工作开展情况 | 每缺一项教育，扣2分；职业技能教育项目单一的，扣0.5分。 | 查阅教育计划、教案和教学记录；查阅教育登记台帐、统计报表等；查看培训场所和设施。 |
| 六 | 心理健康教育普及率 | 10 | 5 | 达标情况 | 每降低1个百分点，扣0.6分。 | 查阅教育登记台帐、统计表等。 |
| | | | 5 | 工作开展情况 | 未开展心理健康教育的，扣3分；未开展心理矫治工作的，扣2分。 | 查阅教育计划、教案和教学记录；查阅心理矫治资料；询问有关人员了解情况。 |
| 七 | 新入监罪犯心理测试率 | 7 | 4 | 达标情况 | 每降低1个百分点，扣0.6分。 | 查阅服刑改造专档资料。 |
| | | | 3 | 工作开展情况 | 未进行个体分析和心理测验的，扣1分；每缺一项评估内容，扣0.5分。 | 查阅服刑改造专档资料。 |
| 八 | 顽固犯转化率和危险犯的撤销率 | 12 | 6 | 达标情况 | 转化率每降低1个百分点，扣0.6分；危险犯长期不能消除危险的，一人次扣0.5分。 | 查阅顽固犯、危险犯登记表、登记台帐、教育管理记录等。 |
| | | | 6 | 工作开展情况 | 未建立相关制度的，扣2分；未严格执行认定和撤销程序的，扣1分；没有指定专人管理的，一人次扣0.5分。 | 查阅有关制度和工作安排资料；查阅登记表、登记台帐、教育管理记录等。 |

续表

| 序号 | 项目 | 分值 | | 考评内容 | 评分标准 | 考评方法 |
|---|---|---|---|---|---|---|
| 九 | 出监罪犯评估率 | 10 | 5 | 达标情况 | 每降低1个百分点，扣0.6分。 | 查阅考评期内刑满释放罪犯档案资料。 |
| | | | 5 | 工作开展情况 | 未开展评估的，扣4分；未向司法行政机关提供评估意见和建议的，一人次扣0.2分。 | 查阅评估、建议资料；询问有关机构，了解情况。 |
| 十 | 教育改造罪犯工作保障 | 11 | 3 | 监狱主要领导重视情况 | 主要领导未主抓改造的，扣1分，副监狱长未分工专抓教育改造的扣1分；专题研究教育改造工作的监狱长办公会每少一次，扣1分。 | 查阅领导分工文件；查阅会议记录和会议纪要。 |
| | | | 2 | 监狱教育改造罪犯硬件设施情况 | 每不达标一项扣0.5分。 | 查看监狱基本资料，对照监狱建设标准等相关要求检查。 |
| | | | 3 | 教育改造经费保障情况 | 经费保障不达标扣2分，未做到专款专用扣1分。 | 查阅经费收支台帐 |
| | | | 3 | 教育改造时间保障情况 | 教育时间不足的，视情况扣1—3分。 | 查阅教育统计台帐、统计表；询问有关人员了解情况。 |